안녕,
자 수

안녕, 자수

초판 2쇄 인쇄   2021년 5월 05일
초판 2쇄 펴냄   2021년 5월 10일

지은이 ㅣ 은설
펴낸이 ㅣ 김동중

펴낸곳 ㅣ 즐거운가
출판등록 ㅣ 2015년 7월 23일 제25100-2015-20호
주소 ㅣ 서울 중랑구 동일로 569-55
전화 ㅣ 070-7542-3673
팩스 ㅣ 02-6005-9431
전자우편 ㅣ merrydiy@naver.com

©은설 2019
ISBN : 979-11-957114-8-2 13630

정가 18,800원

파본이나 잘못 인쇄된 책은 구매하신 서점에서 교환해드립니다.

이 책은 저작권법에 따라 보호받는 저작물이므로 무단전재와 복제를 금합니다.
이 책 내용의 일부 또는 전부를 이용하려면 반드시 저작권자와 즐거운가의 서면동의를 받아야 합니다.

이 도서의 국립중앙도서관 출판예정도서목록(CIP)은 서지정보유통지원시스템 홈페이지(http://seoji.nl.go.kr)와 국가자료 공동목록시스템(http://www.nl.go.kr/kolisnet)에서 이용하실 수 있습니다. (CIP제어번호: CIP2018040501)

Hand Embroidery

안녕, 자수

실버스노우 도란도란 자수 이야기

prologue

투병 중에 재활 치료로 시작한 자수는, 그저 수놓는 시간이 행복해서 또 스스로를 사랑하며 돌볼 수 있기에 지치는지 모르고 몰입할 수 있었습니다.

일상으로 돌아와 제일 먼저 이 행복을 많은 이들과 나누고 싶어 계획 없이 유튜브 채널을 열었고, 서툰 그 마음을 알아봐 주신 한분 한분들이 모여 현재 3년째 함께 자수를 하며 우정을 더해가고 있습니다. 결국 자수를 통해 나 자신을 다시 만났고, 자수를 통해 소중한 인연들을 만나 삶이 풍성해졌습니다.

제가 바닥에 있다고 느낄 때 함께하며 마음을 치유해 준 자수이기에, 이 소중한 마음을 엮어 여러분께 선물하고 싶습니다. 자수를 하며 나를 온전히 사랑하고 돌보는 시간, 또한 바쁜 일상 속에서도 여유를 되찾는 시간이 되길 기원합니다.

contents

자수의 기초

향기로운 꽃 자수

작품을 만들기 전 참고사항 × 22

자수 재료와 도구 × 23

도안을 원단에 옮길 때 사용하는 도구 × 31

자수 준비 순서 × 35

완성된 자수를 더 활용도 있게 마무리하는 방법 × 39

자수 기본 스티치 × 45

백모란 액자 × 68

양귀비 티 매트 × 72

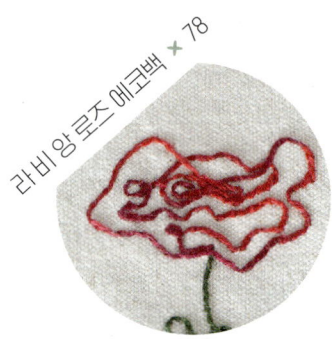

라 비 앙 로즈 에코백 × 78

러브 이즈 더 베스트 블라우스 × 82

나뭇잎 & 꽃잎 티코스터 세트 × 100

작약 & 토끼풀 양말 자수 × 86

꽃반지 × 106

조개 쥬얼리 매트 × 90

팬지 앞치마 × 110

목화, 라벤더 & 칼라 카드 × 94

튤립 마그넷 × 114

귀여운 동물 자수

- 푸들 프레임 파우치 × 120 
- 홍학 액자 × 134 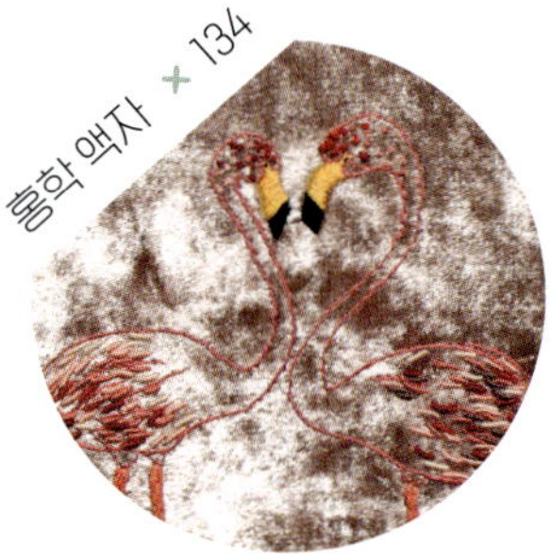
- 강아지 이어폰 정리개 × 148 
- 동물 책갈피 × 124 
- 유니콘 핀쿠션 × 138 
- 파랑새 모빌 × 156 
- 회전목마 액자 × 130 
- 강아지 브로치 × 144

Part 04

맛있는 음식과 과일 자수

컵케이크 컵홀더 × 184

브런치 세트 × 162

과일 티코스터 × 190

런치 세트 × 168

레몬 프레임 미니 백 × 194

젤라토 키링 × 176

과일 귀걸이 × 198

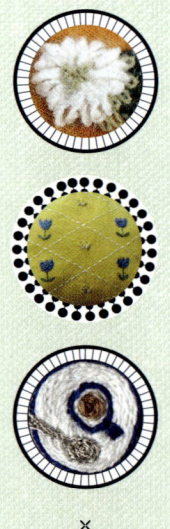

자수를 하기에 앞서 필요한 재료와 도구 사용법을 배우고, 자수 기본 스티치 방법을 소개합니다.
완성한 자수 작품을 활동도 높게 마무리하는 방법을 자세하게 설명합니다.

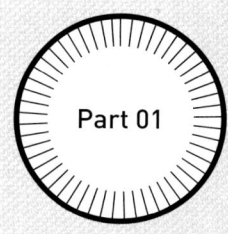

HAND EMBROIDERY

자수의 기초

▲ 작품을 만들기 전 참고사항

● 작품 도안 사용 방법
작품 실물 크기는 책 뒤편에 수록한 도안을 복사하여 사용하면 됩니다.
본문 속 도안은 작품을 만드는데 사용한 스티치와 실 정보를 주기 위한 설명 도안입니다.

● 도안에서 사용한 스티치와 실 보는 방법
도안 표기는 스티치 이름, 실 번호(가닥수) 순서로 표기하였습니다.
예) 아웃라인s 3362(2)

기본적으로 DMC 25번사 실을 표기하였고, 다른 실을 사용했을 경우 실 번호 앞에 기입하였습니다.
예) 스플릿s DMC 베리에이션 4017(3)

실 번호(가닥수)+실 번호(가닥수)로 표기된 경우는 두 종류 실을 합쳐서 사용하는 것을 의미합니다.
예) 터키s 948(2)+402(1)

● QR코드 스캔 방법
책 속 QR코드를 스마트폰이나 태블릿 PC로 스캔하면 더 자세한 설명의 동영상을 볼 수 있습니다.
QR코드 스캔 방법은 QR코드 스캔 앱을 사용하거나 네이버, 다음 검색창에 있는 스캔 도구를 사용하면 됩니다.

다음 QR코드 스캔 도구

네이버 QR코드 스캔 도구

네이버로 QR코드를 스캔한 결과

🔶 자수 재료와 도구

● 자수실

국내에서 주로 사용하는 자수실 브랜드는 DMC사와 앵커ANCHOR사가 있습니다. 같은 면사라도 DMC사 제품이 앵커사보다 완성 작품을 보면 전체적으로 광택감이 조금 더 있습니다.

자수에 사용되는 대표적인 실 굵기는 25번사, 8번사, 5번사, 4번사가 있습니다. 실 굵기는 숫자가 작아질수록 굵어집니다. 자수에서 대중적으로 사용되는 실은 25번사로 십자수실과 같습니다.

실은 보빈(실패)에 감아 보관하며, 사용 시에 50~60cm 정도로 잘라서 사용합니다. 이 밖에도 여러 색감이 하나의 실로 이루어진 베리에이션사, 겨울에 사용하면 좋은 울사 그리고 반짝임이 특징인 메탈사 등이 있습니다.

이 책에서는 DMC 25번사를 주로 사용했습니다. 부분적으로 애플톤APPLETONE 울사나 메탈사를 사용한 경우 따로 기재하였습니다. DMC 25번사와 베리에이션사, 라이트 이펙트사는 필요에 따라 실 가닥을 부분적으로 갈라서 사용하고, 나머지 8번사, 5번사, 4번사, 울사, 디아망사는 한 가닥 통째로 사용하는 것을 원칙으로 하였습니다.

DMC 25번사, DMC 8번사, DMC 5번사, DMC 4번사

 자수 실 종류

 DMC 25번사 색상

DMC 베리에이션사

【25번사】

자수에서 가장 많이 사용되는 면사로 가느다란 여섯 가닥 면사를 느슨하게 하나로 꼰 실입니다. 굵게 표현할 때는 여섯 가닥을 통째로 사용하지만, 섬세한 작품에는 한 가닥 혹은 두 가닥만 뽑아서 사용합니다.

【울사】

울사 소개 및 색상

DMC 울사(DMC 태피스트리사), 애플톤 울사

양모로 이루어진 실로 포근한 겨울 느낌을 표현할 때 사용합니다. DMC사 울사는 태피스트리사로도 불리며, 굵은 입체감이 특징입니다. 반면에 애플톤APPLETON사의 울사는 얇고 가는 것이 특징이어서 섬세한 자수에 주로 사용됩니다. 이 책에서는 섬세한 자수 표현을 하고자 애플톤 울사를 선택적으로 사용했습니다.

【메탈사】

DMC 디아망사, DMC 라이트 이펙트사

금속재질의 느낌을 주는 실로 자수에서 반짝거리는 포인트를 줄 때 유용하게 사용합니다. 라이트 이펙트사는 25번사와 굵기는 유사하나 질감이 매우 뻣뻣하고, 실이 잘 갈라져 익숙해지는데 연습이 필요합니다. 디아망사는 라이트 이펙트사 보다 부드러우나 라이트 이펙트사 여섯 가닥 중 한 가닥의 굵기로 가는 실이 보빈에 감겨있습니다.

● 바늘

【크루엘 바늘】

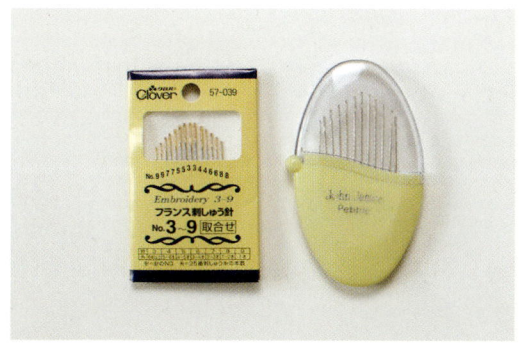

크로바 크루엘 자수바늘, 존제임스 크루엘 자수바늘

일반 바늘은 실을 꿰는 바늘귀가 작기 때문에 자수에 적합하지 않습니다. 자수용 바늘을 크루엘 바늘이라고 부르는데 귀가 크고 끝이 뾰족해 여러 가닥 실을 한 번에 꿸 수 있습니다. 국내에서 주로 사용하는 브랜드로는 크로바CLOVER사와 존제임스John James사가 있습니다. 자수에 주로 사용하는 25번사를 기준으로 볼 때 크루엘 자수바늘은 3~10호를 주로 사용합니다. 바늘의 숫자가 커질수록 바늘은 더 가늘어집니다.

실 가닥수	바늘 크기
5~6겹	3~4호
3~4겹	5~6호
1~2겹	7~10호

【밀리너스 바늘】

밀리너스 바늘

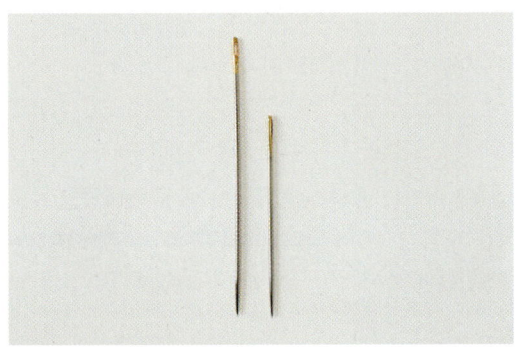

밀리너스 바늘, 크루엘 바늘

밀리너스 바늘은 바늘귀부터 몸통까지 일정한 굵기의 긴 바늘입니다. 블리온s나 캐스트온s를 할 때 실을 감거나 매듭을 만든 부분을 쉽게 뺄 수 있어서 아주 유용합니다.

【셔닐 바늘】

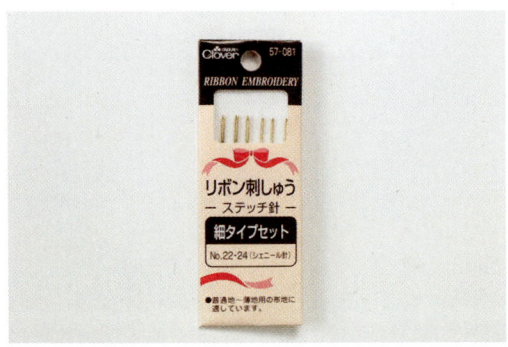

셔닐 바늘

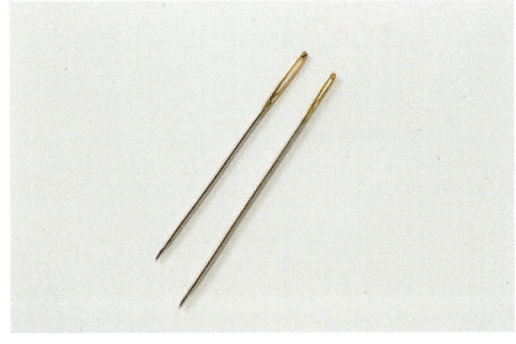

셔닐 바늘, 크루엘 바늘

셔닐 바늘은 크루엘 바늘보다도 귀가 커서 울사, 태피스트리사 그리고 리본자수에 적합한 바늘입니다. 울사를 일반 크루엘 바늘 3호에 꿰어서 사용해도 되지만, 그럴 경우 마찰력 때문에 울사가 갈라지고 마모되기가 쉽기에 가능하면 셔닐 바늘을 사용합니다.

● 원단

자수 원단

리넨, 면　　　　　　　　　　소프트 펠트, 하드 펠트

기본적으로 자수는 실생활과 밀접한 소재에 즐거움을 더하는 작품이기에 원단에 제약은 없습니다. 바늘이 통과할 수 있으면 종이에도 수를 놓을 수 있습니다. 그러나 신축성이 큰 원단이나 너무 얇거나 혹은 두꺼운 원단은 초보자가 다루기 힘들기에 권하지 않습니다. 이 책에서는 초보자도 쉽게 접근하고 쾌적한 환경에서 무리 없이 수를 놓을 수 있는 원단을 소개합니다.

원단으로는 10~30수가 가장 적당하며 숫자가 커질수록 원단은 얇아집니다. 모든 원단은 가공되지 않은 생지보다 워싱원단을 추천합니다. 생지원단은 세탁 후 수축이 심해 변형이 될 수 있으니 꼭 세탁하여 수를 놓아야 합니다.

【광목】

표백처리를 하지 않은 순수한 면 원단으로 옅은 노란색을 띠며 쉽게 구입할 수 있습니다. 스티치 연습용으로 많이 사용하며 구김이 잘 생깁니다.

【리넨】

아마사로 짠 직물을 의미합니다. 일반적으로 자수에 많이 사용되는 원단입니다. 구김이 심하고 뻣뻣한 마보다는 면이 혼방된 리넨을 추천합니다. 리넨은 유독 수축과 변형이 심하기 때문에 세탁 후 사용해야 합니다.

【옥스포드】

굵고 두꺼운 실로 만든 면 원단입니다. 직조 방식에 있어 일반 면 원단과 달라 세탁 시 손상이 적고 질긴 장점이 있습니다.

【캔버스】

옥스포드 원단보다 더 두껍고 튼튼하며 지탱하는 힘이 좋아 에코백이나 신발에 주로 사용되는 원단으로 자수를 두었을 때 별도의 심지를 붙이지 않고도 탄탄함을 유지합니다.

【펠트】

양모를 시트 모양으로 만든 것으로 하드 펠트와 소프트 펠트가 있습니다. 펠트는 올이 풀리지 않기에 따로 마감처리를 하지 않아도 되는 점에서 초보자에게 추천하는 원단입니다. 이 책에서는 신축성이 커 모양에 변형이 올 수 있는 소프트 펠트가 아닌, 단단함을 지닌 하드 펠트를 사용했습니다. 소프트 펠트 위에 수놓았을 경우 뒤에 하드 펠트를 붙여 탄탄하게 마무리합니다.

● 수틀

수틀

원목 수틀, 대나무 수틀(위)
플라스틱 수틀, 고무 수틀(아래)

마스킹 테이프로 감은 수틀

수를 놓는 동안 원단이 팽팽하게 유지될 수 있도록 고정해주는 도구입니다. 원목, 대나무, 플라스틱, 고무 등 다양한 재질이 있으며 크기 또한 다양합니다. 도안에 따라 수틀을 선택해 사용하지만, 일반적으로 지름 8~15cm 크기의 수틀을 주로 사용합니다. 수틀에 마스킹 테이프를 감아서 사용하면 수틀의 마찰력을 높여 원단을 더 오랫동안 팽팽하게 유지할 수 있습니다. 또한, 예쁜 나만의 수틀로 간직할 수 있습니다.

● 가위

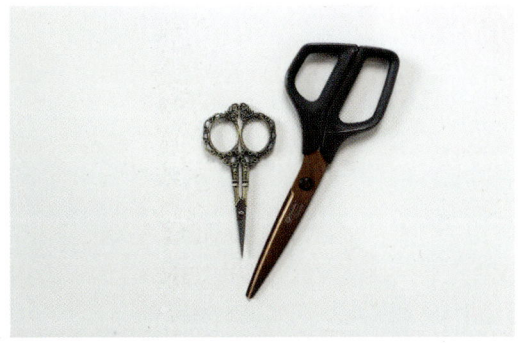

기본적으로 모든 가위를 다 사용할 수 있습니다. 그러나 자수용 가위는 크기가 작아서 더 가볍고 끝이 날카롭기 때문에 자수를 수정하거나 실을 뜯거나 섬세하게 원단을 다듬을 때 더 유용하게 사용됩니다.

● 접착심지

완성된 자수 뒷면에 붙여 실생활에서도 올 풀림 없이 세탁하고 활용할 때 사용합니다. 그리고 지저분한 뒷면을 감출 때도 사용합니다. 실크 접착심지, 부직포 접착심지, 퀼팅솜 접착심지 등 다양한 접착심지가 있습니다. 사용하고자 하는 용도에 맞게 양면이나 단면을 선택해 사용합니다. 실크 접착심지는 의류와 같이 몸에 밀착돼 유연성이 필요한 원단에 사용합니다. 부직포 접착심지는 얇지만, 비교적 단단한 소재로 원단에 붙여 모양을 잡아줄 때 사용합니다. 마지막으로 퀼팅솜 접착심지는 두께가 다양하게 제작되며 2온스나 4온스를 많이 사용합니다. 원단에 붙여 두께감과 쿠션감을 줄 때 유용합니다.

접착심지

● 비즈, 스팽글

자수에 포인트를 주고자 할 때 비즈와 스팽글을 부분적으로 사용합니다. 비즈용 투명색 아크릴 실을 사용해 꿰매도 좋지만 없으면 원단과 같은 색상의 실 한 가닥을 사용하거나 반짝임을 더 주고 싶을 때는 메탈사 한 가닥을 사용해서 꿰어도 좋습니다.

● 방울솜

핀쿠션이나 키링을 만들 때 완성된 자수 속에 방울솜을 채워 넣어 완성합니다. 일반적으로 베개에 많이 사용하는 구름솜보다 알갱이가 작은 입자로 이루어져 있어 세심한 표현을 할 때 유용하게 사용합니다.

● 글루건, 접착제

글루건은 단단하게 짧은 시간에 붙이고자 할 때 사용하기 적합하고, 만능접착제는 세심한 표현의 작품을 붙이고자 할 때 사용합니다.

도안을 원단에 옮길 때 사용하는 도구

● 먹지

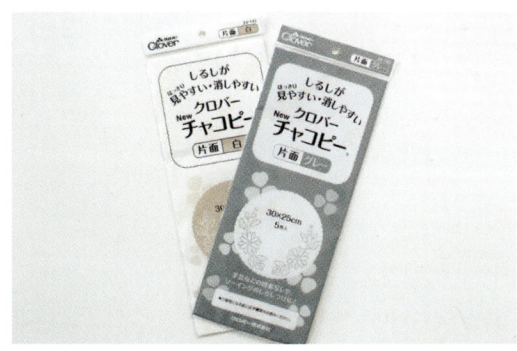

 도안을 원단에 옮기는 방법

먹지 종류로는 물에 지워지는 수성먹지와 지워지지 않는 유성먹지가 있습니다. 초보자의 경우 도안대로 정확하게 스티치가 나오기 어렵기 때문에 수성먹지 사용을 권장합니다.

【 먹지 사용법 】

1   원단, 먹지, 테이프, 철필과 도안을 그린 트레이싱지를 준비한다.

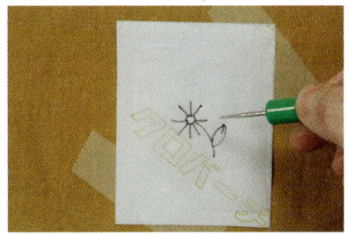

2   원단에 먹지 초크가 묻은 면이 맞닿게 올리고, 그 위에 도안을 그린 트레이싱지를 올려 테이프로 고정한다. 철필이나 뾰족한 펜으로 힘주며 도안을 따라 그린다.

3   원단에 도안이 잘 옮겨졌는지 확인하고 선이 희미한 부분은 열펜이나 청화펜을 사용해 덧그린다.

● 자수용 펜

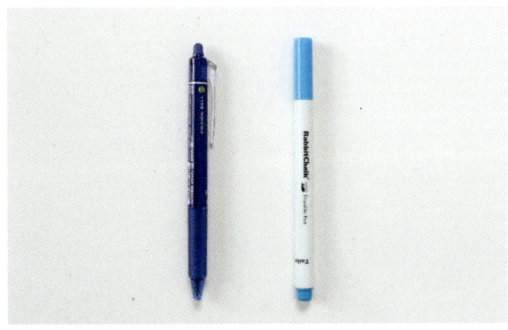

열펜, 청화펜

도안을 보고 원단에 직접 따라 그리거나 먹지로 옮긴 도안 선을 덧그릴 때 사용합니다. 모든 펜은 원단에 따라 특성이 다를 수 있기에 수놓고자 하는 원단에 소량 테스트해 보고 작업에 들어가는 것이 좋습니다.

【기화펜】

스케치 후 시간이 지나면 자연스럽게 잉크가 기화하며 지워지는 펜입니다. 간단하게 금방 끝낼 수 있는 자수에는 유용하지만 오랜 시간 걸쳐 완성해야하는 작업에는 적절하지 않습니다.

【청화펜】

물에 지워지는 원리로 자수에 가장 많이 사용되는 펜입니다. 손에 땀이 많으면 작업하는 동안 도안이 번질 수 있으니 유의해야 합니다. 그리고 작업이 끝난 후 물에 10분 이상 충분히 담가 도안을 지워야 합니다.

【열펜】

열에 지워지는 펜으로 다리미나 드라이기로 쉽게 지울 수 있습니다. 기화펜이나 청화펜보다 작업 중 번지거나 지워지지 않고, 완성 후에 지우는 면에서도 가장 깔끔하고 간편합니다. 주의할 점은 원단에 따라 스케치 부분이 하얗게 탈색될 수 있으니 사전에 테스트해보고 사용하는 것이 좋습니다.

● 수용성 자수 심지

수용성 심지는 반투명 원단으로 미지근한 물이나 흐르는 물에 담가두면 깨끗하게 심지가 녹아 없어져 편리하게 사용할 수 있습니다. 비닐 심지는 부직포 심지보다 두껍고 더 투명하여 도안을 옮길 때 깔끔하게 그릴 수 있습니다. 고체풀을 소량 사용해 원단에 접착시켜도 심지가 울지 않는 장점이 있습니다. 단, 물에 녹는 시간이 오래 걸려 자수 후 물에 10분 이상 충분히 담가 풀기를 제거해야 합니다. 부직포 심지는 비닐 심지보다 덜 투명하며, 수분에 매우 약해 고체풀을 소량 사용해 접착해도 쉽게 심지가 웁니다. 비닐 심지보다 상대적으로 물에 더 빨리 녹아 작업 후 마무리가 쉽습니다.

수용성 비닐 심지, 수용성 부직포 심지

【수용성 자수 심지 사용법】

1 열펜으로 심지에 도안을 옮긴다. 청화펜 같이 수분을 많이 함유한 펜을 사용하면 도안 선을 따라 심지가 녹는다. 일반 볼펜을 사용하면 세탁 후 잉크가 원단이나 자수실에 이염 될 수 있으니 반드시 열펜을 사용한다.

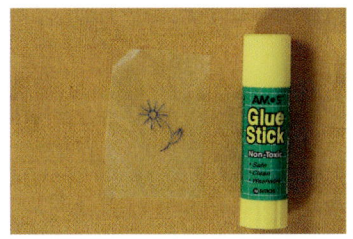

2 수놓을 곳을 제외한 심지에 고체풀을 아주 소량 발라 원단에 붙인다.

3 수를 완성한 후 수틀을 제거하고 드라이기 열로 반드시 사전에 열펜 스케치를 제거한다. 열펜 스케치를 제거하지 않고 심지와 함께 녹이면 아무리 물이 뜨거워도 제거되지 않고 이염이 발생한다.

4 심지 녹이는 시간을 줄이기 위해 불필요한 부분을 바짝 잘라내고 미지근한 물에 10분 이상 담가 심지를 깨끗하게 제거한다.

● 라이트 박스

조명이 내장되어 있어 도안을 옮기기에 편한 패널입니다. 라이트 박스 위에 도안을 올리고 그 위에 원단을 올려 투과된 도안을 따라 청화펜이나 열펜으로 도안을 원단에 옮깁니다.

🔺 자수 준비 순서

● 원단 준비

사용하는 목적에 맞게 원단을 재단한 후 세탁하고 다림질해서 준비합니다.

● 도안 옮기기

【열펜이나 청화펜을 사용할 경우】

도안을 보고 원단 위에 직접 따라 그리거나, 라이트 박스 위에 도안과 원단을 올려 투과된 도안 선을 따라 그립니다.

【먹지를 사용할 경우】

아래에 원단을 깔고 위에 먹지를 올립니다. 마지막으로 도안을 올리고 테이프로 고정한 후 철필이나 뾰족한 도구로 도안을 원단에 옮깁니다.

【수용성 자수 심지를 사용할 경우】

반투명한 원단이기에 심지를 도안 위에 올리고 열펜으로 도안을 심지에 옮겨 그립니다. 도안을 옮긴 심지를 수놓는 원단 위에 올려 소량의 딱풀로 고정한 후 사용합니다.

● 수틀에 고정하기

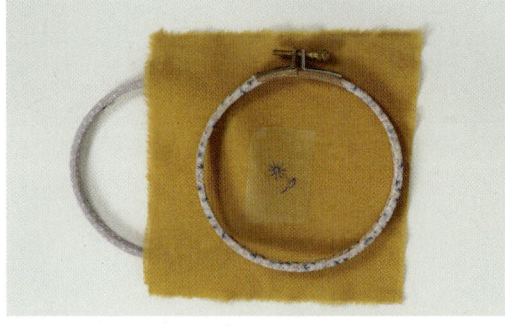 

1 나사를 풀어 수틀을 위아래로 분리한다.
2 나사가 없는 수틀을 아래에 놓고 그 위에 원단을 올린다. 원단 위에 나사가 있는 수틀을 올린 후 손으로 눌러 끼운다.
3 나사를 돌려 조여가면서 원단을 팽팽하게 잡아당긴다.

 수틀에 마스킹 테이프를 감아 붙이면 작업 중 원단이 느슨해지는 것을 방지할 수 있고 원단에 자국이 남는 것을 방지할 수 있습니다.

● 바늘에 실 꿰기

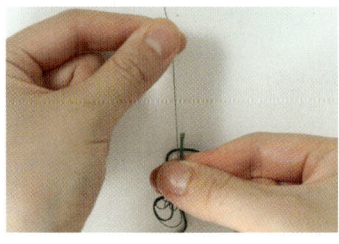  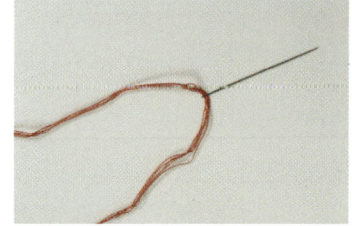

1 실을 50~60cm로 자른 후 사용할 가닥 수 만큼 뽑아 준비한다. 실 가닥을 뽑을 때 Y자 모양이 아닌 평행한 방향으로 한 가닥씩 뽑아야 엉키지 않고 광택감도 마모되지 않는다.

2 실을 엄지와 검지로 짧게 잡고 바늘귀에 통과시키면 쉽게 실을 꿸 수 있다.

3 바늘귀에 실을 통과시킨 후 매듭짓지 않을 실은 전체 길이의 1/4 길이로 짧게 하고, 매듭을 지을 실은 길게 한다.

 바늘에 실 꿰고 매듭짓는 방법

【울사 바늘에 꿰기】

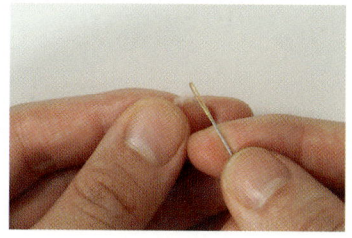 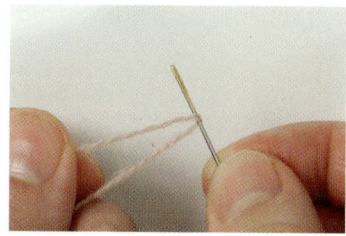

1 울사는 끝이 쉽게 갈라져 바늘에 꿰기가 어렵다. 실을 바늘에 올리고 잡아당겨 반으로 접는다.

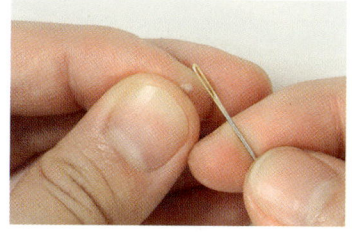  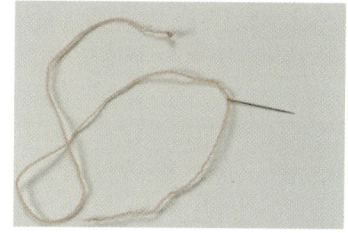

2 접힌 실을 엄지와 검지로 잡아 통째로 바늘귀에 꿴다.

3 매듭은 일반 면사와 같은 방법으로 구슬매듭으로 짓는다.

● 실 매듭짓기

 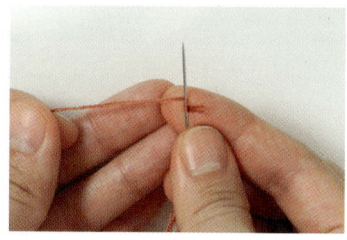 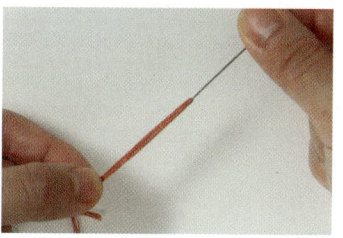

1 매듭을 지을 긴 쪽 실을 가져와 바늘과 검지 사이에 놓는다.

2 실 굵기에 따라 감는 횟수가 달라지는데 일반적인 25번사의 경우 2~3번 정도 감는다.

3 바늘에 감은 실 매듭을 잡고 바늘을 잡아당겨 빼낸다.

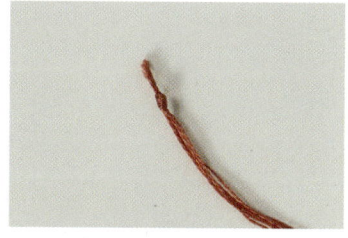 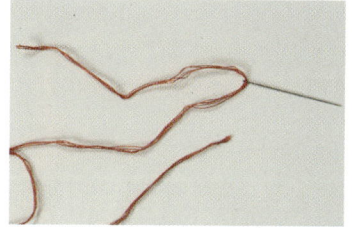

4 구슬매듭을 완성한 후 나머지 꼬리 부분은 약 2~3mm 정도 남기고 짧게 잘라낸다. 그래야 작업을 할 때 자수 윗부분으로 매듭진 실이 뒤따라 올라오는 경우를 방지할 수 있다.

【완성한 자수 매듭짓기】

1 자수 뒷면에서 실을 묶는다. 매듭이 원단에 밀착해서 지어질 수 있도록 손으로 눌러 매듭을 만든다.

2 자수 뒷면을 바늘로 통과하여 매듭이 원단과 더 단단히 고정되도록 하고 실을 짧게 자른다.

● 마무리하기

【청화펜, 열펜을 사용한 경우】

청화펜은 10분 이상 충분히 물에 담가 도안을 지웁니다. 열펜은 다리미나 드라이기 열로 지워냅니다.

【먹지를 사용한 경우】

수성먹지로 그린 도안은 물에 10분 이상 담가 지워냅니다. 부득이하게 유성먹지로 그린 도안은 면봉에 중성세제를 묻혀 살살 문질러 지워냅니다. 유성먹지는 깨끗하게 지워지지 않으니 수놓기 전에 주의해서 사용해야 합니다.

【수용성 자수 심지를 사용한 경우】

물에 담구기 전에 드라이 열로 열펜으로 그린 도안을 사전에 제거한 후 미지근한 물에 10분 이상 담가둡니다. 마지막에 손으로 부드럽게 문지르면 풀이 녹듯이 심지가 녹아 도안도 함께 지워집니다.

【다림질】

다림질은 반드시 자수 뒷면에서 해야 합니다. 다림질 할 때는 자수 부분은 피해서 조심스럽게 다림질을 해야 자수의 양감과 디테일한 질감을 살릴 수 있습니다. 다림질 온도는 원단에 맞는 적합한 온도로 해야 원단 손상을 막을 수 있습니다.

▲ 완성된 자수를 더 활용도 있게 마무리하는 방법

● 수틀 자체로 마무리하기

1 수틀에 낀 원단은 약 5cm 가량 시접을 남기고 재단한다.

2 수틀을 뒤집어 25번사로 시접을 홈질(러닝s)한다.

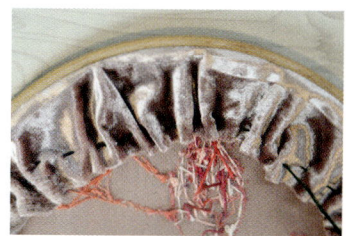

3 실을 당겨 시접을 수틀 안으로 모은 후 묶는다.

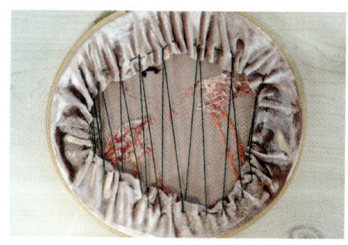

4 세로 방향으로 지그재그로 원단을 통과하며 고정한다.

5 다시 가로 방향으로 또 지그재그로 더 단단하게 고정한다.

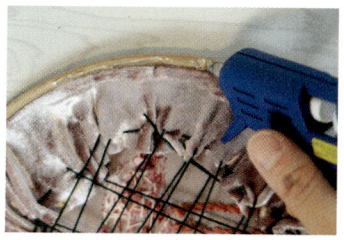

6 수틀과 같은 크기로 펠트를 재단해 놓고, 수틀 위에 글루건을 바른다.

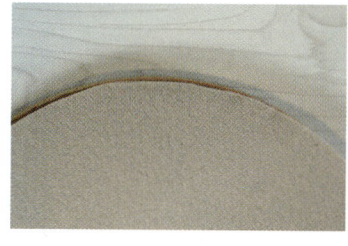

7 재단해둔 펠트를 붙여 뒷면을 깔끔하게 마무리한다.

수틀 마무리

● 프레임 지갑으로 마무리하기

【프레임 지갑 도안 만들기】

1 종이를 반으로 접는다.

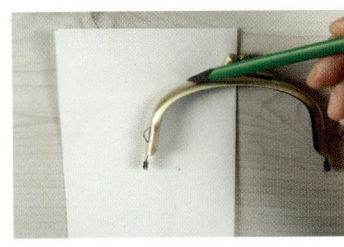

2 반으로 접은 종이 위에 프레임을 반만 걸친 후 프레임 외곽선을 따라 그린다.

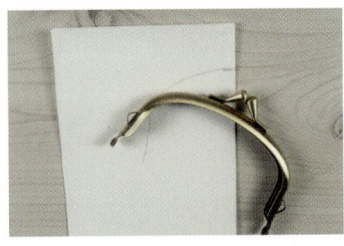

3 프레임이 꺾이는 부분을 손으로 잡고 약 30도 가량 밖으로 회전시킨 후 외곽선을 따라 그린다.

4 굵은 펜으로 완성된 외곽선을 표시한다.

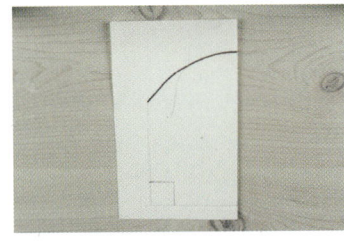

5 지갑 높이를 정한 후 왼쪽 아래에 밑받침이 될 정사각형을 그린다.

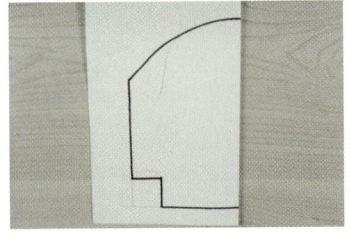

6 지갑 높이와 정사각형을 따라 사진과 같이 선을 진하게 그린다.

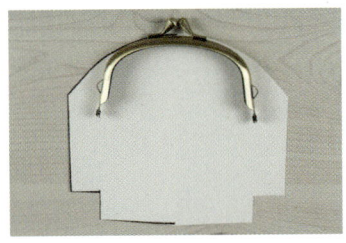

7 선을 따라 가위로 오려내면 프레임 지갑 도안이 완성된다.

【재봉하기】

 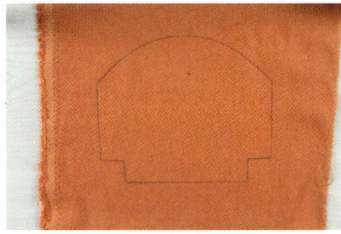 

1 겉감 2장과 안감 2장 원단에 만들어둔 프레임 도안을 그린다.

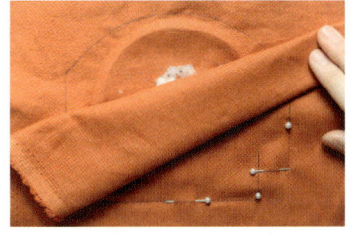 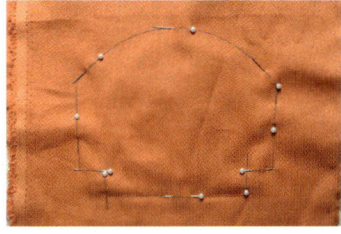

2 수를 놓은 겉감의 외관끼리 서로 마주 보게 놓고 시침핀으로 고정한다.

3 안감도 마찬가지로 지갑을 열었을 때 보일 원단끼리 서로 마주 보게 놓고 시침핀으로 고정한다.

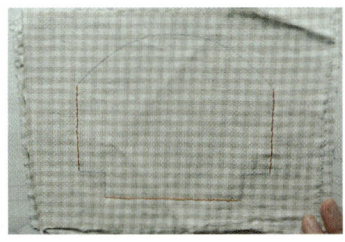 

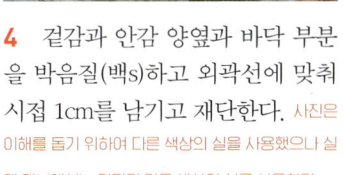

4 겉감과 안감 양옆과 바닥 부분을 박음질(백s)하고 외곽선에 맞춰 시접 1cm를 남기고 재단한다. 사진은 이해를 돕기 위하여 다른 색상의 실을 사용했으나 실제 재봉에서는 원단과 같은 색상의 실을 사용한다.

5 겉감과 안감 양 바닥에 아직 꿰매지 않은 부분을 서로 맞닿게 한 후 시침핀으로 고정하고 박음질(백s)한다.

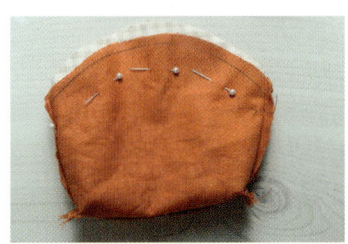  

6 안감만 뒤집어 겉감 속으로 집어넣는다. 바닥부터 잘 맞추고 입구는 시침핀으로 고정한다.

7 한쪽 입구만 겉감과 안감을 함께 박음질(백s)한다.

8 나머지 한쪽은 약 3~4cm가량 창구멍을 남기고 겉감과 안감을 함께 박음질(백s)한다.

9 창구멍으로 원단을 뒤집는다.   **10** 창구멍을 시침핀으로 고정하고 공그르기로 막는다.

민들레 자수

11 프레임 속에 지끈을 넣는다.   **12** 프레임 안쪽에 본드를 소량만 적당히 바른다. 프레임에 본드를 꽉 채워 바르면 원단을 끼워 넣을 때 본드가 밖으로 넘쳐 원단이 더럽혀 진다.

프레임 지갑 마무리

13 뾰족한 도구로 원단을 프레임 속으로 중심부터 밀어 넣는다.   **14** 고무가 달린 니퍼로 프레임을 눌러 원단이 더 단단하게 물릴 수 있도록 누른다. 일반 니퍼를 사용할 경우 프레임이 손상되지 않도록 펠트로 감싸 사용한다.

● **마그넷 혹은 브로치로 마무리하기**

  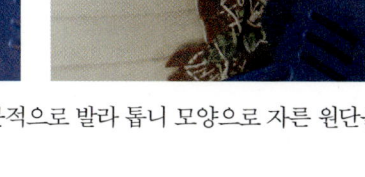

1 시접(약 1cm)을 남기고 자수 곡선을 따라 조심히 톱니 모양으로 다듬는다.

2 뒷면에 글루건을 소량만 부분적으로 발라 톱니 모양으로 자른 원단을 뒤로 붙인다.

3 펠트 위에 글루건을 바르고 완성된 자수를 붙인다.

4 펠트를 작품 크기와 같게 자른다.

5 자석이나 핀을 선택해 뒷면에 글루건으로 붙인다.

 새 자수

● **티코스터로 마무리하기**

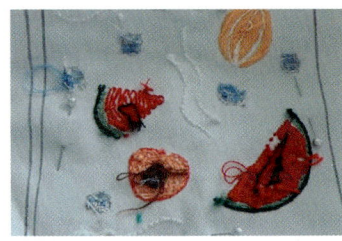 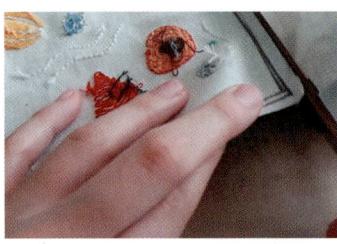 

1 완성된 자수 앞면과 뒷면 원단을 서로 맞닿게 고정하고 열펜으로 약 3cm 크기의 창구멍을 남기고 티코스터 모양으로 스케치한다.

2 스케치를 따라 박음질(백s)을 하고, 약 1cm 시점을 남기고 가위로 재단한 후 창구멍으로 원단을 뒤집는다.

3 다리미로 열펜 스케치를 지우면서 티코스터 모양을 잡는다.

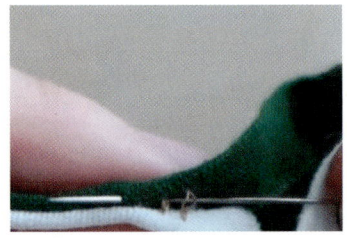 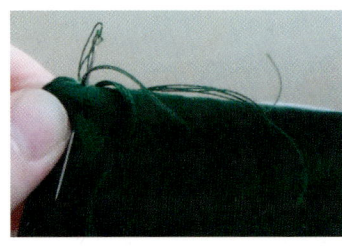

4 창구멍을 공그르기로 막는다.

5 앞면과 뒷면 원단 사이에 바늘을 넣고 뒷면 원단으로 바늘을 빼서 실을 잘라 마무리한다.

 티코스터 마무리

▲ 자수 기본 스티치

● 스트레이트 스티치 straight stitch

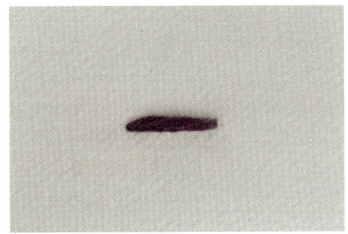

원단 아래에서 위로 올라와 원하는 길이만큼 가볍게 한 땀 뜬다.

● 러닝 running stitch

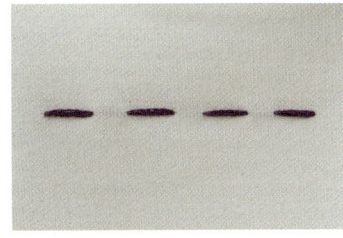

스트레이트s를 규칙적인 간격으로 수놓는다.

● 다닝 스티치 darning stitch

 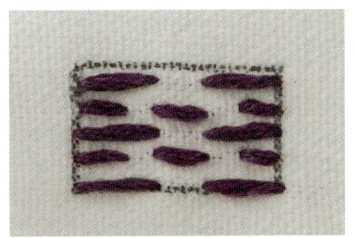

스트레이트s와 각 스트레이트s 사이 간격에 변화를 주어 리듬감있게 면을 채운다.

● 새틴 스티치 satin stitch

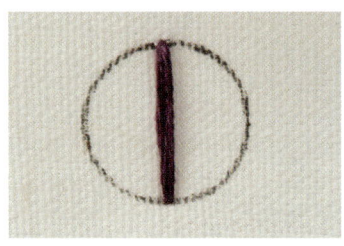 

1 채우고자 하는 면을 반으로 나눈다.

2 반쪽 면부터 채운다. 이때, 한쪽 방향으로 통일하여 수놓는다. 예를 들어 바늘이 위에서 나와 아래로 들어가는 방식이라면 계속 위에서 나와 아래로 들어가며 면을 채운다.

3 반쪽을 다 채우고 중심으로 돌아가 다시 나머지 반쪽을 채운다.

● 아웃라인 스티치 outline stitch

1 스트레이트s를 한다.

2 만든 땀의 같은 시작 구멍으로 바늘을 뺀다.

3 만든 땀 두 배의 길이만큼 앞으로 이동해 바늘을 넣는다.

4 실을 다 당기지 않고 시작과 끝 구멍 중간인 이전 끝 땀으로 바늘을 뺀다.

5 다시 일정한 땀의 크기만큼 앞으로 이동한다.

6 실을 다 빼기 전에 이전에 끝난 땀의 끝 구멍으로 바늘을 뺀다.

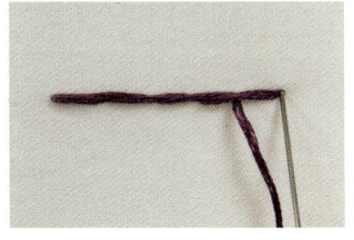 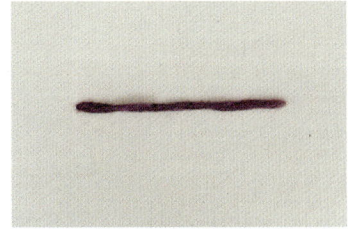

7 과정을 반복한 후 땀의 끝 구멍으로 바늘을 넣어 마무리한다.

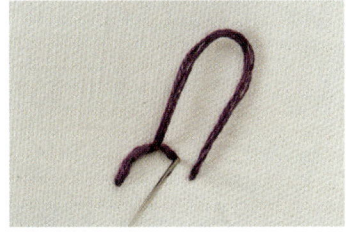 

8 n자 모양의 곡선을 아웃라인s 할 때는 실 고리가 항상 위에 위치한다.

9 u자 모양의 곡선을 아웃라인s 할 때는 실 고리가 항상 아래에 위치한다.

● **프렌치 노트 스티치** french knot stitch

1 시작점에서 바늘을 뺀다.

2 원단에서 나온 실을 바늘에 2~3번 정도 감는다.

3 감은 실이 풀리지 않도록 손으로 잡고 바늘이 나온 구멍 바로 옆으로 바늘을 넣는다.

 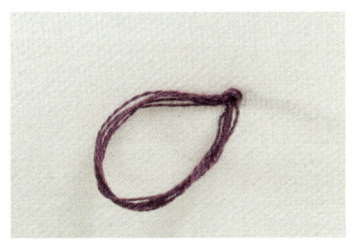 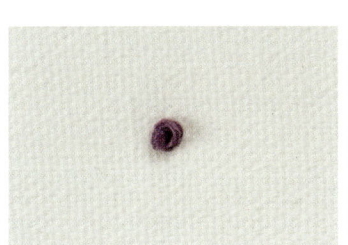

4 실을 잡아당겨 노트를 만든다.

5 바늘을 살살 당겨 노트를 완성한다.

● 피스틸 스티치 pistil stitch

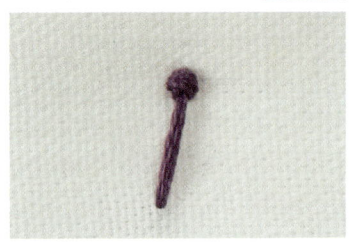

1 시작점에서 나온 바늘에 프렌치 노트s처럼 실을 2~3번 정도 감는다.

2 시작점보다 멀리 떨어진 곳에 바늘을 찔러 넣고 손으로 실을 당겨 매듭을 짓는다.

3 바늘을 살살 당겨서 노트를 완성한다.

● 레이지 데이지 스티치 lazy-daisy stitch

1 시작점에서 바늘을 뺀다.

2 바늘이 나온 구멍으로 바늘을 다시 넣는다. 이때, 원단 뒤에 걸려있는 실 매듭을 찌르지 않도록 유의한다.

3 실을 다 당기기 전에 만들어진 고리 안으로 바늘을 넣어 원단 밖으로 뺀다.

4 실을 당겨 스티치 모양을 잡는다. 이때, 실을 살살 당기며 스티치 볼륨을 만든다.

5 만들어진 스티치 바로 밖으로 바늘을 넣어 원단에 스티치를 고정한다.

● 체인 스티치 chain stitch

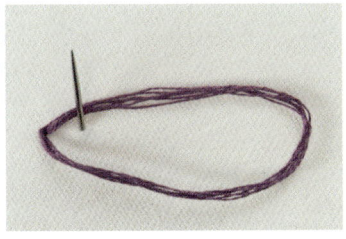
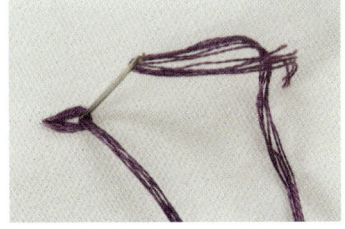

1 시작점과 같은 구멍에 바늘을 넣는다. 이때, 원단 뒤에 걸려있는 실 매듭을 찌르지 않도록 유의한다.

2 실을 다 당기기 전에 만들어진 고리 속으로 바늘을 넣어 원단 밖으로 뺀다.

3 실이 나온 같은 구멍에 다시 바늘을 넣고 일정 길이만큼 앞으로 이동해 원단 밖으로 뺀다.

4 다시 실이 나온 같은 구멍으로 바늘을 넣고 일정 길이만큼 앞으로 이동해 원단 밖으로 뺀다.

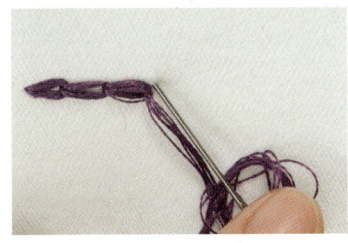

5 레이지 데이지s처럼 만들어진 스티치 바로 밖으로 바늘을 넣어 원단에 고정한다.

스플릿 스티치 split stitch

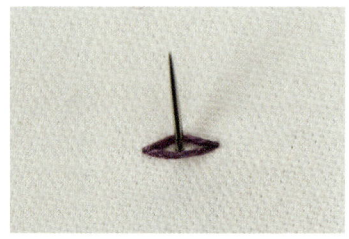
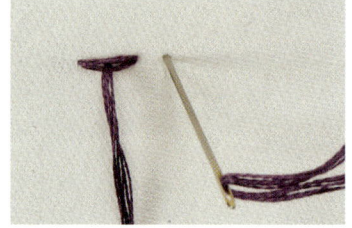

1 스트레이트s를 만든다.

2 만들어진 땀 중심을 바늘로 가르며 뺀다.

3 처음 만든 스트레이트s와 같은 길이만큼 앞으로 이동해 1/2만큼 쌓는다.

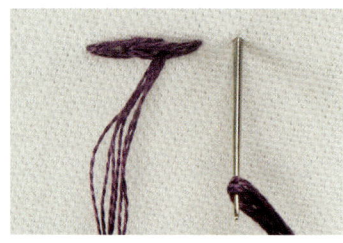

4 두 번째 만든 땀 중심이면서 첫 번째 땀의 끝인 구멍으로 바늘을 뺀다.

5 결론적으로 1/2만큼 앞으로 이동하며 실이 중첩되게 쌓는다.

코럴 스티치 coral stitch

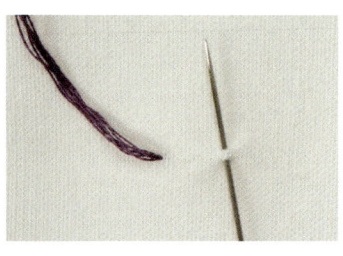

1 시작점에서 바늘을 뺀 후 일정 길이만큼 앞으로 이동해 수평으로 원단을 살짝 꼬집는다.

2 바늘에 실을 위에서 아래로 한 번 감고 바늘을 당겨서 뺀다.

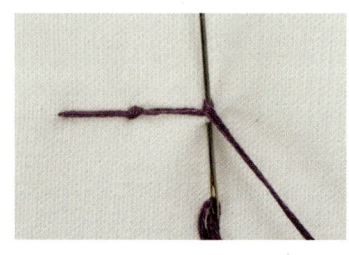

3 다시 일정 길이만큼 앞으로 이동한 후 과정을 반복한다.

백 스티치 back stitch

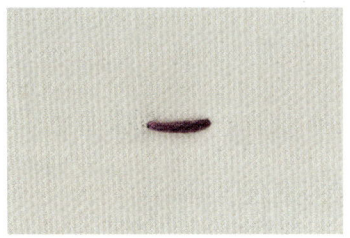
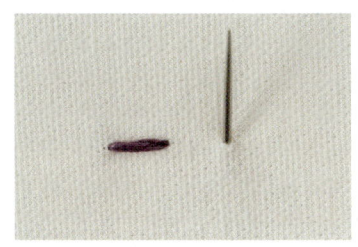
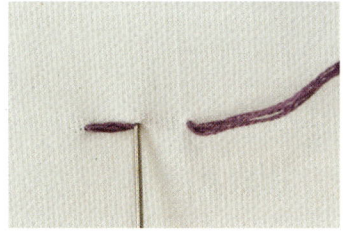

1 스트레이트s를 수놓는다.

2 전에 만든 땀 크기와 같은 크기만큼 앞으로 이동해서 바늘을 뺀다.

3 이전 땀의 끝 구멍으로 바늘을 넣는다.

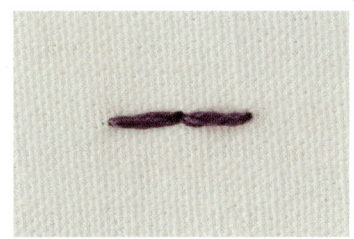

4 원하는 길이만큼 계속해서 과정을 반복한다. 백s는 바느질 기법 중 박음질과 동일하다.

휘프드 백 스티치 whipped back stitch

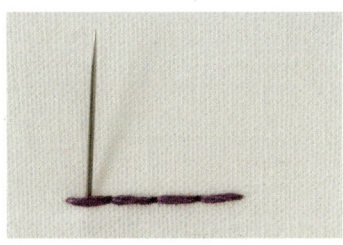

1 만들어둔 백s 첫 땀 중앙 아래로 바늘을 뺀다. 이때, 바늘이 실을 가르지 않도록 유의한다.

2 바늘귀 부분으로 원단은 꿰지 않고 만들어둔 백s만 통과한다.

3 백s를 통과하는 바늘의 이동 방향은 한쪽 방향으로 일정해야 한다.

4 원하는 만큼 감은 후 마지막 땀은 중심 아래로 바늘을 넣어 감은 실을 숨긴다.

● **버튼홀 스티치** buttonhole stitch (블랭킷 스티치 blanket stitch)

  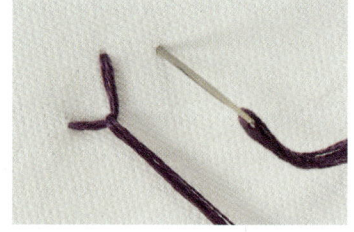

1 시작점에서 바늘을 뺀 후 사선 위로 이동해 바늘을 넣는다.

2 실을 다 빼기 전에 수직 아래로 바늘을 뺀다.

3 실을 당기고 마지막에 바늘이 나온 구멍의 사선 위로 이동해 바늘을 넣는다.

 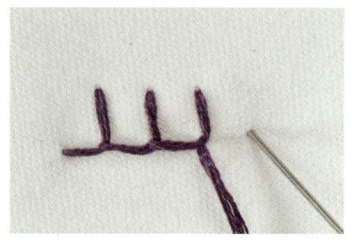 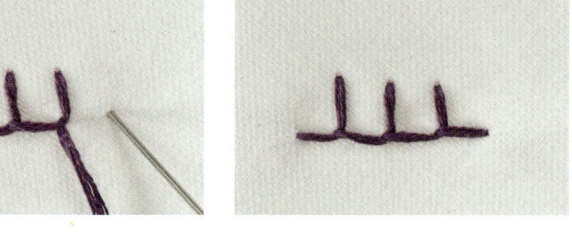

4 실을 다 빼기 전에 수직 아래로 바늘을 뺀다.

5 과정을 반복해 스티치를 한 후 다시 첫 땀과 같은 길이만큼 앞으로 이동해 바늘을 넣어 완성한다.

● **디테치드 버튼홀 스티치** detached buttonhole stitch

1 미리 만들어둔 백s의 시작 구멍으로 바늘을 뺀다.

2 바늘귀 부분으로 첫 번째 백s를 통과한다. 이때, 바늘귀 밑에 실을 넣는다.

3 바늘을 잡아당겨 버튼홀s를 만들고 다시 두 번째 백s를 바늘귀로 통과하고 마찬가지로 그 밑에 실을 넣어 잡아당긴다.

4 마지막 백s까지 버튼홀s를 하고 백s 끝의 같은 구멍에 바늘을 넣는다.

5 이렇게 마무리하면 백s 위에 하나의 단만 쌓은 디테치드 버튼홀s가 완성된다.

6 단을 더 쌓고자 할 때는 원단 밖으로 바늘을 빼지 않고 이어서 다시 마지막에 만든 버튼홀s 위에 새로운 버튼홀s를 쌓는다.

7 원하는 만큼 쌓고 가장자리에 만들어진 버튼홀s 기둥을 바늘로 감으며 가장 아랫단으로 내려온다. 즉, 실이 보이지 않게 기둥에 엮으며 백s가 있는 가장 아래로 내려오는 과정이다.

8 백s 끝 구멍에 바늘을 넣어 마무리하면 꼭, 프릴 같은 모양의 입체적인 버튼홀s를 백s 위에 만들 수 있다.

【 버튼홀s를 활용해 원단이나 펠트를 붙이는 방법 】

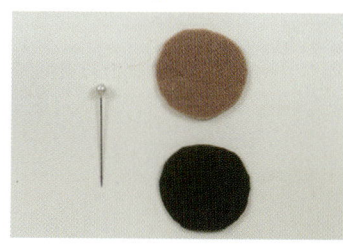  

1 붙이고자 하는 원단이나 펠트 앞면과 뒷면 그리고 시침핀을 준비한다.

2 시침핀으로 두 펠트를 고정하고 한쪽 면만 매듭진 바늘로 통과해 매듭을 두 펠트 사이에 넣어 숨긴다.

3 두 면을 잡고 동시에 바늘로 찌른다. 이때, 처음 나왔던 구멍과 동일하다.

4 실을 잡아당겨 고정하고 바늘을 실 아래로 넣어 잡아당긴다.

5 다시 일정 길이만큼 앞으로 이동해 두 원단을 동시에 바늘로 찌른다. 이때, 바늘 밑에 실을 넣고 바늘을 잡아당긴다. 일반적인 원단의 경우 빈 곳 없이 촘촘하게 버튼홀s를 반복하면서 외곽선을 둘러 완성하고 가위로 원단을 잘라도 올이 풀리지 않는다.

6 외곽선을 다 두른 후 처음에 만든 땀 밑으로 바늘을 넣는다.

7 첫 번째 만든 버튼홀s를 실로 감으면서 스티치와 같은 구멍으로 바늘을 넣는다.

8 매듭을 짓는다.

  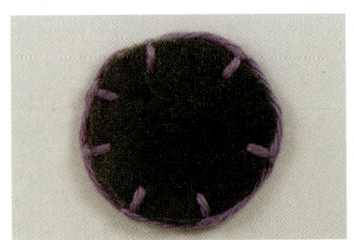

9 매듭진 같은 구멍에 바늘을 넣고 옆 버튼홀s 구멍으로 바늘을 뺀다.

10 실을 강하게 잡아당겨 매듭을 두 원단 사이로 숨긴다.

11 실을 가위로 잘라 마무리하여 완성한다.

● **터키 스티치** turkey stitch (스미르나 스티치 smyrna stitch)

1 끝 매듭을 짓지 않은 실을 원단 위에서 아래로 넣는다.

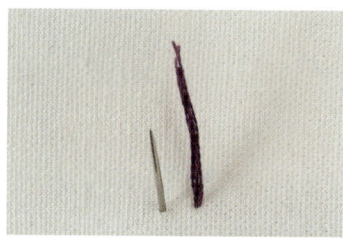

2 실을 다 빼기 전에 실을 손으로 잡고, 잡은 실을 중심으로 바늘을 왼쪽에서 나와 오른쪽으로 넣어 고정한다.

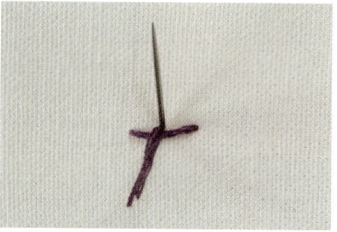

3 잡고 있던 실의 같은 구멍으로 바늘을 뺀다.

4 일정 길이만큼 앞으로 이동해 바늘을 넣고 처음 남긴 실 길이만큼 실을 당긴다.

5 아직 고정되지 않은 실을 중심으로 이전 땀의 끝 구멍에서 나와 오른쪽으로 이동하여 바늘을 넣어 고정한다.

6 원하는 만큼 스티치한 후 만들어진 고리들을 가위로 잘라 다듬는다.

● 롱 앤드 숏 스티치 long and short stitch

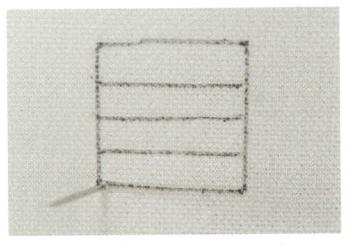

1 채우고자 하는 면에 일정한 간격의 가로선을 긋는다.

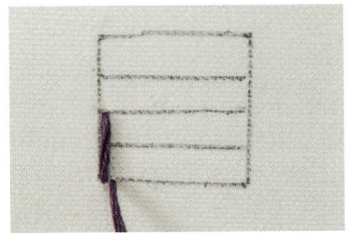

2 두 칸을 차지하는 긴 땀을 수놓는다.

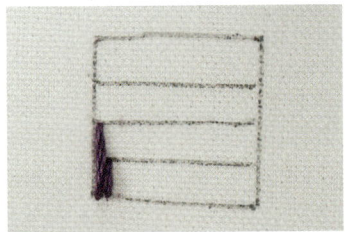

3 그 옆에 한 칸을 차지하는 짧은 땀을 수놓는다.

4 긴 땀과 짧은 땀을 반복해서 수놓는다.

5 짧은 땀 자리에서 바늘이 나와 다시 두 칸을 차지하는 긴 땀을 수놓는다.

6 처음에는 긴 땀이었지만, 상대적으로 짧아진 땀의 자리에서 나와 다시 두 칸을 차지하는 긴 땀을 수놓으며 위 과정을 반복한다.

7 마지막으로 경계선에 맞춰 땀을 둔다.

● **피시본 스티치** fishbone stitch

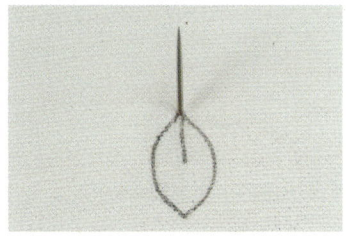 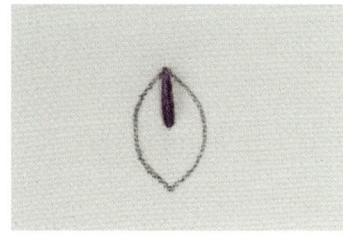 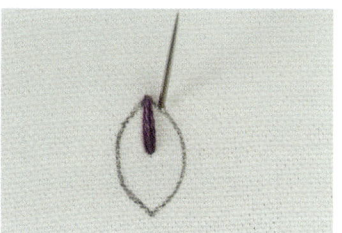

1 스케치 꼭짓점에서 바늘이 나와 스케치 선을 따라 중앙에 스트레이트 s를 한다.

2 오른쪽 외곽선으로 바늘을 넣어 뺀다.

 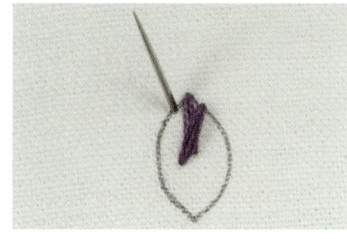

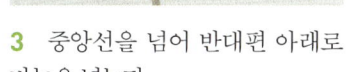

3 중앙선을 넘어 반대편 아래로 바늘을 넣는다.

4 다시 왼쪽 외곽선에서 바늘이 나와 중앙선을 넘어 반대편 아래로 바늘을 넣는다.

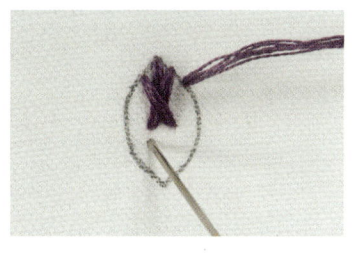 

5 좌우 스티치 과정을 반복한다.

6 마지막은 이전 땀 끝 구멍으로 바늘을 넣어 마무리한다.

● 우븐 피콧 스티치 **woven picot stitch** (레이즈드 리프 스티치 raised leaf stitch)

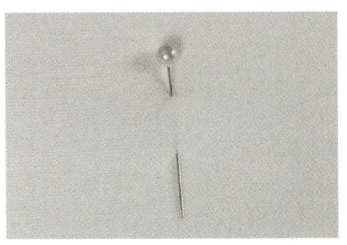

1 원단에 시침핀을 고정한다.

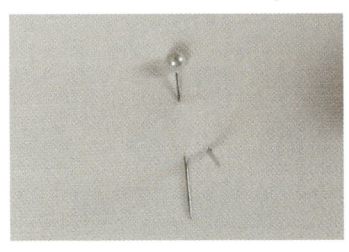

2 시침핀을 중심으로 오른쪽 아래에서 바늘을 뺀다.

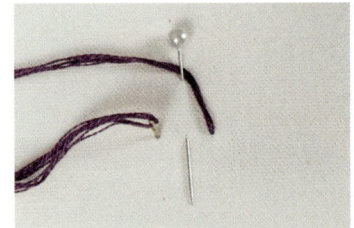

3 시침핀 위로 실을 걸고 대칭되는 왼쪽 아래에 바늘을 넣는다.

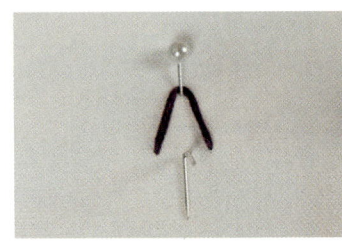

4 시침핀이 나온 하단 오른쪽으로 바늘을 뺀다.

5 시침핀에 실을 힘 있게 당겨 빈 곳이 없도록 건다.

6 바늘귀로 왼쪽과 오른쪽 끝 기둥에 넣어 통과한다.

7 다시 바늘귀로 반대 방향으로 중앙 기둥에만 넣어 통과한다. 6번과 7번 과정을 반복하여 위에서부터 아래로 실을 쌓는다.

8 오른쪽 기둥 끝을 실로 감으면서 바늘을 원단 뒤로 넣어 마무리한다.

● **캐스트온 스티치** cast-on stitch

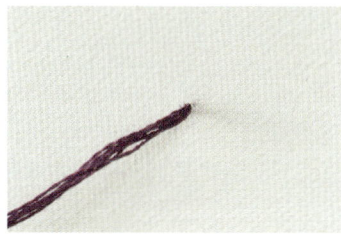

1 시작점으로 바늘을 뺀다.

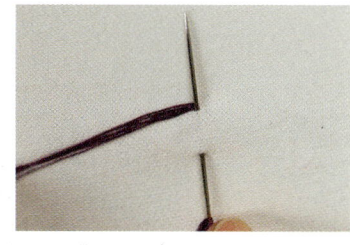

2 스티치 길이만큼 바늘을 넣어 다시 시작점에 바늘을 건다.

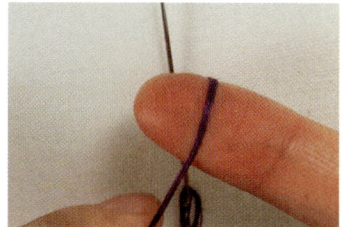

3 원단에서 나온 실을 손가락 위에 올린다.

4 손가락을 뒤집는다.

5 손가락에 있는 실을 바늘에 건다.

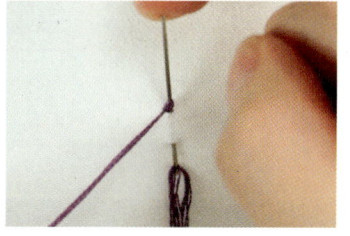

6 실을 당겨 매듭을 만든다.

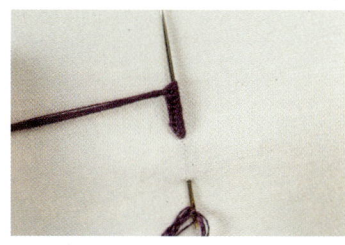

7 반복하여 원하는 길이만큼 매듭을 쌓는다. 바늘로 원단을 꼬집은 만큼 매듭을 만들면 스티치가 직선으로 올라가고, 원단을 꼬집은 것보다 더 많은 매듭을 만들면 자연스럽게 스티치가 휘어 곡선 형태가 된다.

8 바늘에 만들어진 매듭 순서가 섞이지 않게 손으로 잘 잡고 반대 손으로 바늘을 뺀다.

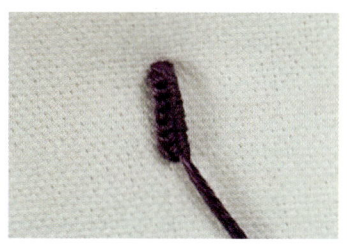

9 아래로 뒤집어서 꼬집어둔 원단 위에 스티치가 올라갈 수 있도록 자리를 잡는다.

10 스티치 끝 구멍으로 바늘을 넣어 완성한다.

블리온 스티치 bullion stitch

1 시작점으로 바늘을 뺀다.

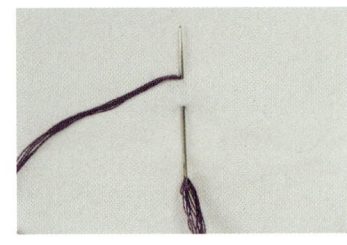

2 스티치 길이만큼 바늘을 넣어 다시 시작점에 바늘을 건다.

3 원단에서 나온 실을 시계방향으로 바늘에 감는다.

4 감은 순서가 섞이지 않게 스티치기 끝날 때까지 잘 잡고 반대 손으로 바늘을 뺀다. 바늘이 잘 안 빠지면 손가락을 반시계방향으로 살짝 굴려 실이 느슨해지도록 하여 빼면 된다.

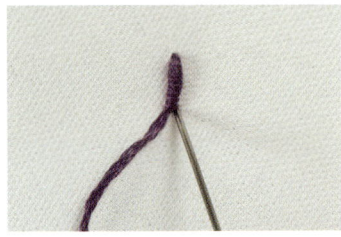

5 아래로 뒤집어서 꼬집어둔 원단 위에 스티치가 올라갈 수 있도록 자리를 잡고 스티치 끝 구멍으로 바늘을 넣어 완성한다. 블리온 스티치나 캐스트온 스티치를 할 때 바늘을 빼기 어려우면 앞서 재료 설명에서 소개한 밀리너스 바늘을 사용하면 더 쉽다.

스파이더 웹 스티치 spider web stitch

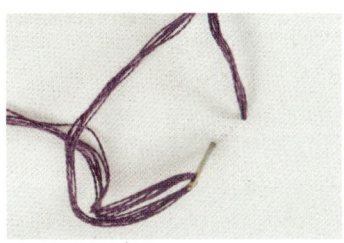
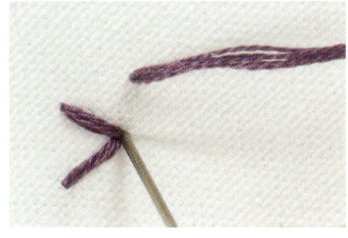

1 스티치 외곽선에서 바늘을 빼 스티치 중심으로 바늘을 넣는다.

2 외곽선에서 빼서 중심으로 들어가는 이유는 기둥을 만들기 위해 중심을 여러 번 바늘이 통과하는데, 실 매듭이 중심에 모이면 매듭을 반복적으로 찔러 원단이 울 수 있기 때문이다.

3 스트레이트s로 다섯 개 기둥을 만든다. 스티치 크기가 작다면 기둥 세 개를 만들어도 된다.

4 중심에 가깝게 바늘을 뺀다.

5 바늘귀로 앞에 기둥은 건너뛰고 다음 기둥을 통과한다.

6 다시 앞에 기둥은 건너뛰고 다음 기둥을 통과하며 실을 중심부터 감는다.

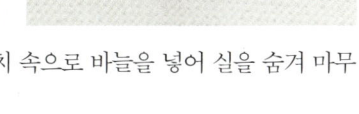

7 반복적으로 기둥을 하나씩 건너뛰며 통과하여 실을 감는다.

8 기둥을 다 감고 만들어진 스티치 속으로 바늘을 넣어 실을 숨겨 마무리한다.

● **오버캐스트 스티치** overcast stitch

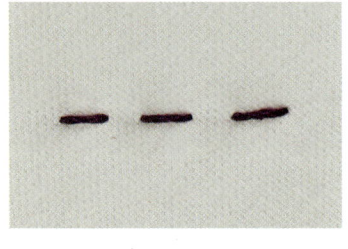 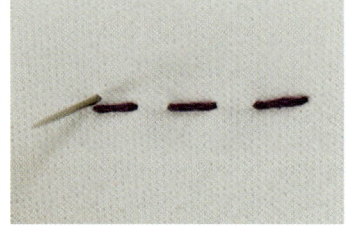 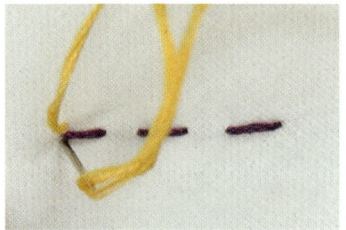

1 스티치 기초가 될 러닝s를 만든다.   **2** 러닝s를 감싸기 위해 스티치 위에서 나와 아래로 바늘을 넣는다.

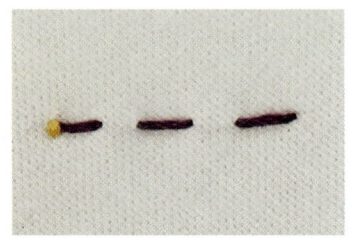 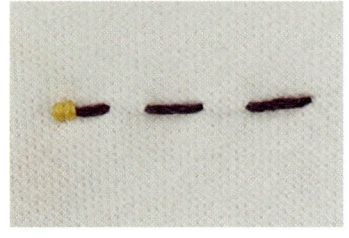 

3 실을 당겨 러닝s를 감싼다.   **4** 반복적으로 차곡차곡 스티치를 감싼다. 러닝s 빈 공간을 일정하게 오버캐스트s 하기 어렵다면, 백s를 기초로 두고 오버캐스트s 하여도 좋다.

● **카우칭 스티치** couching stitch

1 카우칭s 실을 원단 위로 뺀 후 그보다 얇은 실을 원단 밖으로 뺀다. 이때, 카우칭s 보라색 실은 바늘을 빼지 말고 그 상태로 둔다.   **2** 실을 원하는 모양으로 카우칭s를 한다.   **3** 마지막 카우칭s 보라색 실을 원단 밖으로 빼서 마무리한다.

● **브르통 스티치** breton stitch

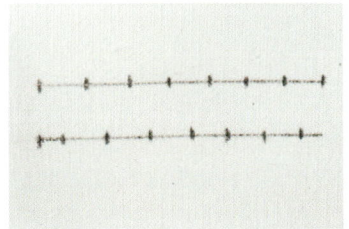

1 원단에 평행한 두 선을 긋고 아랫선 시작점에서 바늘을 뺀다.

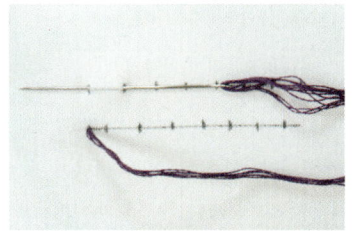

2 윗선 두 번째와 첫 번째 눈금을 동시에 통과해서 바늘을 뺀다.

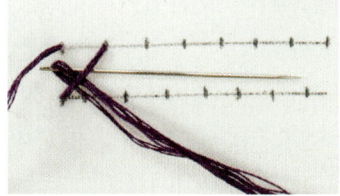

3 만들어진 사선을 오른쪽에서 왼쪽으로 통과한다. 이때, 원단이나 실을 뜨지 않도록 유의한다.

4 아랫선 세 번째 눈금에 바늘을 넣어 스티치 모양을 X자로 만든다.

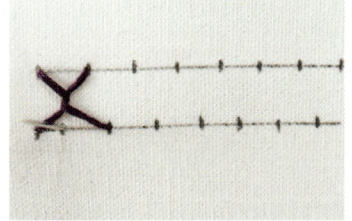

5 아랫선 두 번째 눈금으로 바늘을 뺀다.

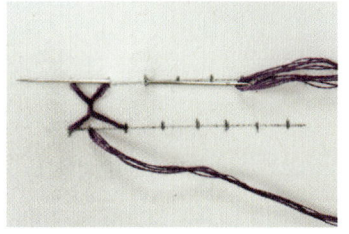

6 윗선 세 번째와 두 번째 눈금을 동시에 통과한다.

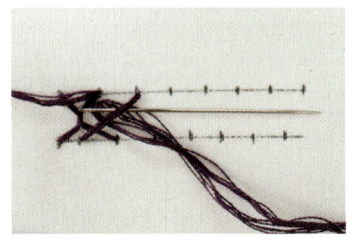

7 다시 만들어진 사선을 오른쪽에서 왼쪽으로 통과한다.

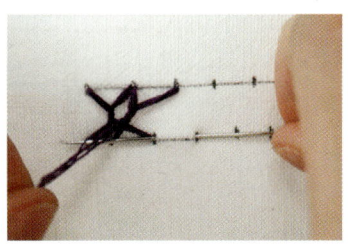

8 아랫선 네 번째와 세 번째 눈금을 동시에 통과한다.

9 계속해서 6~8번 과정을 반복한다.

● 휠 스티치 wheel stitch

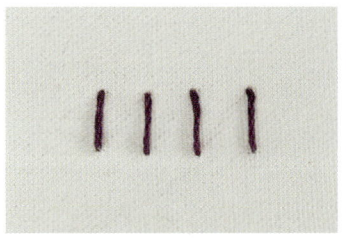
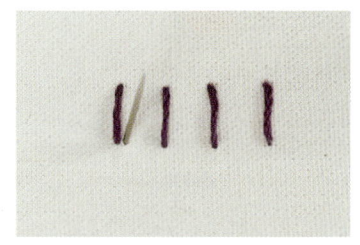

1 원하는 개수만큼 기둥을 스트레이트s로 수놓는다.

2 왼쪽 첫 번째 기둥의 오른쪽으로 바늘을 뺀다.

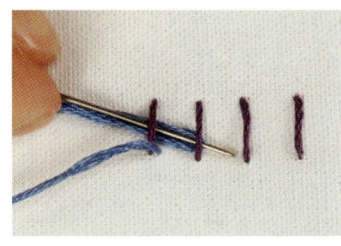
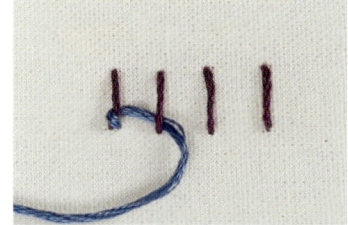

3 바늘귀로 첫 번째와 두 번째 기둥 두 개를 동시에 통과한다. 이때, 원단이나 실을 찌르지 않도록 유의하고 바늘은 항상 감는 실 위에 위치한다.

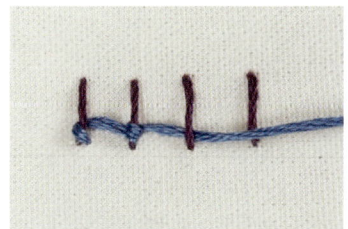

4 다시 바늘귀로 두 번째와 세 번째 기둥을 통과한다.

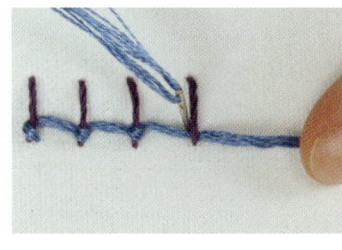
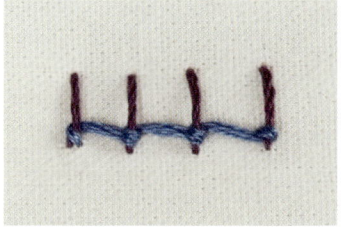

5 반복하며 모든 기둥을 감은 후 마지막 기둥은 실로 감으면서 바늘을 원단 뒤로 뺀다. 이때, 원단 밖으로 나가는 바늘은 감는 실 위에 위치한다.

6 첫 번째 줄과 같은 방법으로 기둥을 반복적으로 감아 마무리한다.

● 프리 스티치 free stitch

 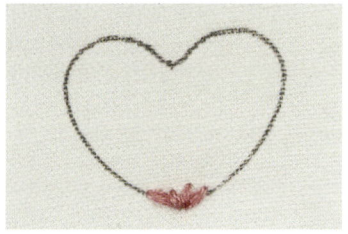

1 채우고자 하는 면을 스케치 한다.

2 한쪽에서부터 결을 표현하며 프리s를 한다.

3 딱 정해진 땀 길이는 없으나 표현하고자 하는 질감에 맞게 짧은 땀 혹은 긴 땀을 선택한다.

4 질감을 살려 스티치를 하고 마무리한다.

마음이 지치거나 생각이 많을 때는 식물을 봅니다. 화원의 꽃도 좋고, 벽돌 사이로 핀 이름 모를 들꽃도 좋습니다. 자연이 가르쳐주는 가장 예쁜 배색을 보며 마음에 사랑을 채우곤 합니다. 자수에도 경험한 순간순간을 담아보았습니다. 여러분도 정성스럽게 꽃을 수놓으며 마음을 치유하고 나를 온전히 사랑하는 시간으로 가꾸시길 바랍니다.

HAND EMBROIDERY

향기로운 꽃 자수

Hand Embroidery 01

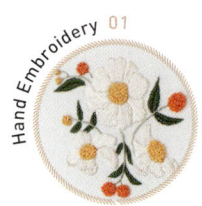

백모란 액자

정갈한 느낌의 백모란과 부들레야 글로보사를 묶어 부케로 만든 것을 보았습니다. 최소한의 색으로 화려함을 뽐내는 그 조합이 아름다워 자수로 다시 풀어보았습니다.

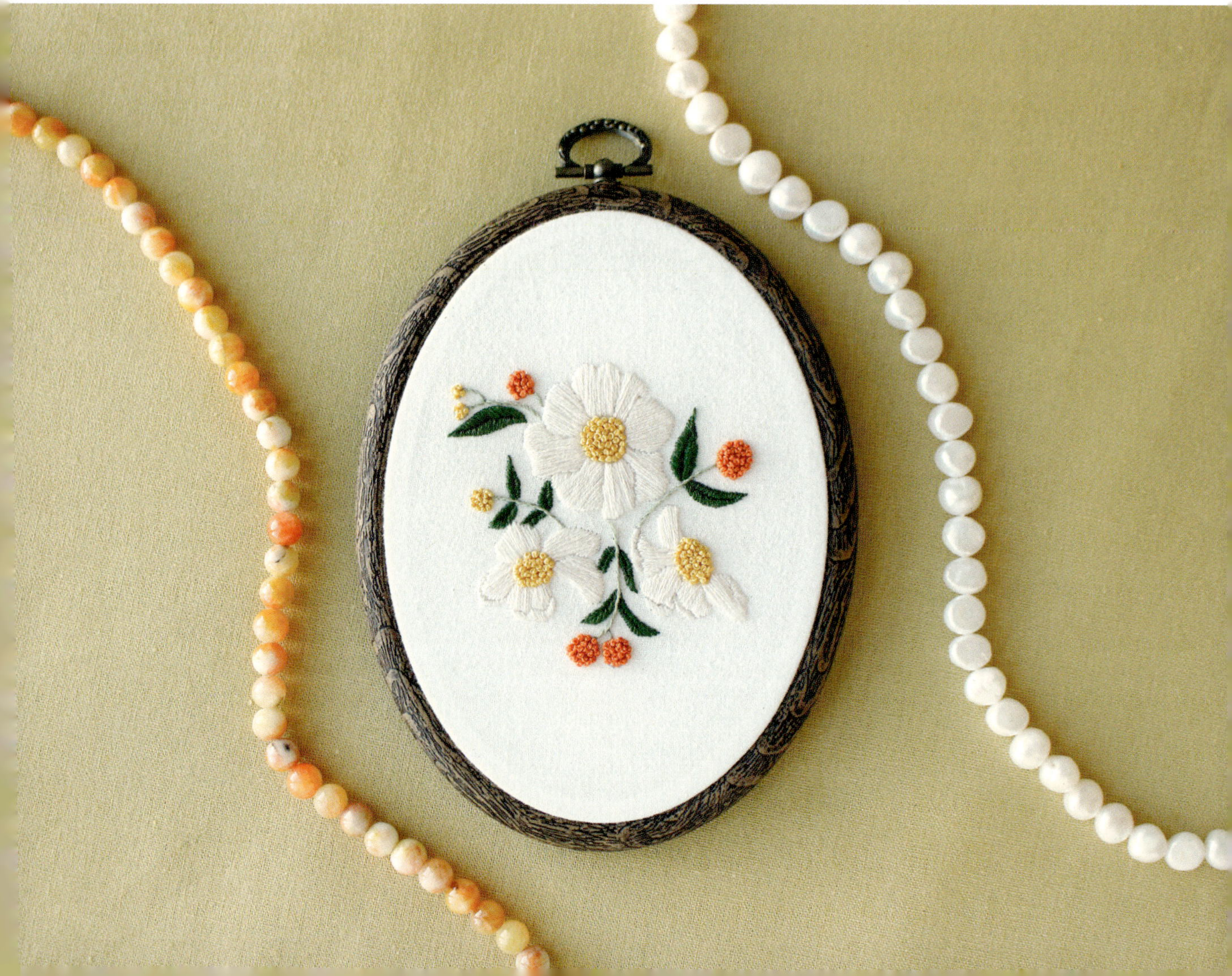

백모란

준비물

실
721
725
3053
3345
3866

사용한 스티치
프렌치 노트s
새틴s
아웃라인s

원단
20수 화이트 광목

부자재
원목 무늬 고무 수틀
하드 펠트(선택사항)

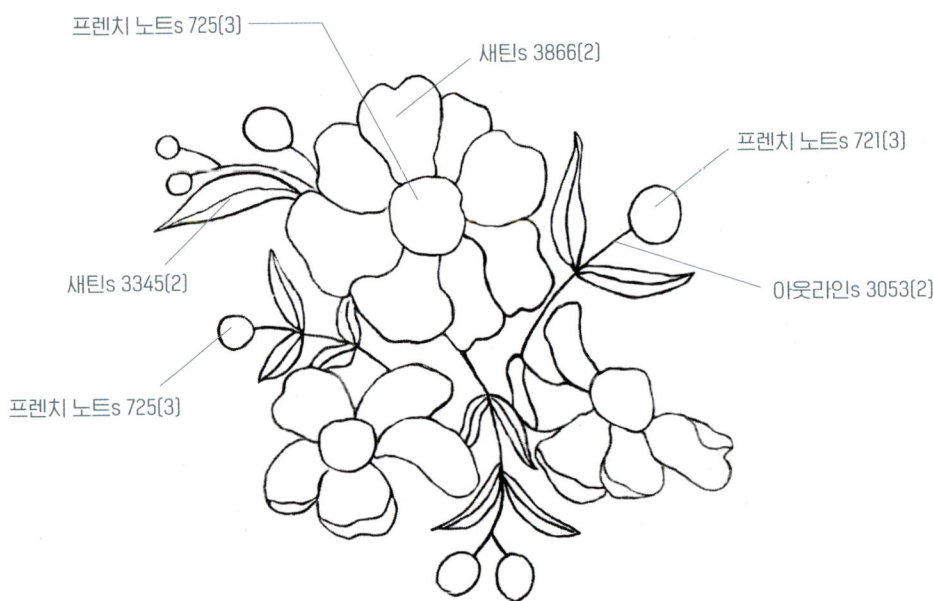

만들기 순서

01 새틴s로 나뭇잎을 촘촘하게 수놓는다.

02 아웃라인s로 줄기 부분을 수놓는다. 아웃라인s를 할 때 곡선의 휘는 방향을 생각하며 실 고리를 안 또는 밖에 위치한다.

03 꽃잎을 새틴s로 수놓는다. 이때, 수술 중심에서 꽃잎 끝으로 바늘이 향하도록 하여 일정한 결을 만든다.

04 프렌치 노트s로 백모란 수술과 부들레야 글로보사를 촘촘하게 수놓는다.

유의할 점

새틴s로 나뭇잎과 꽃잎을 수놓을 때 자수 결을 일정한 방향으로 통일시키며 촘촘하게 만든다.

마무리

Part1 수틀 자체로 마무리하기를 참조하여 작품을 완성한다.

수틀 자체로 마무리하기 (39쪽)

Hand Embroidery 02

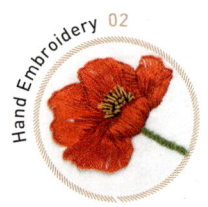

양귀비 티 매트

주홍빛의 붉은 색과 보색인 초록색의 조합으로 피는 아름다운 꽃 양귀비입니다. 버튼홀s를 사용해 얇고 후들후들한 양귀비 꽃잎의 질감을 표현했고, 터키s를 사용해 털이 있는 거친 줄기를 나타냈습니다. 히비스커스와 같은 붉은 빛을 내는 차를 마실 때 티 매트로 사용하면 그 아름다움을 더할 수 있습니다.

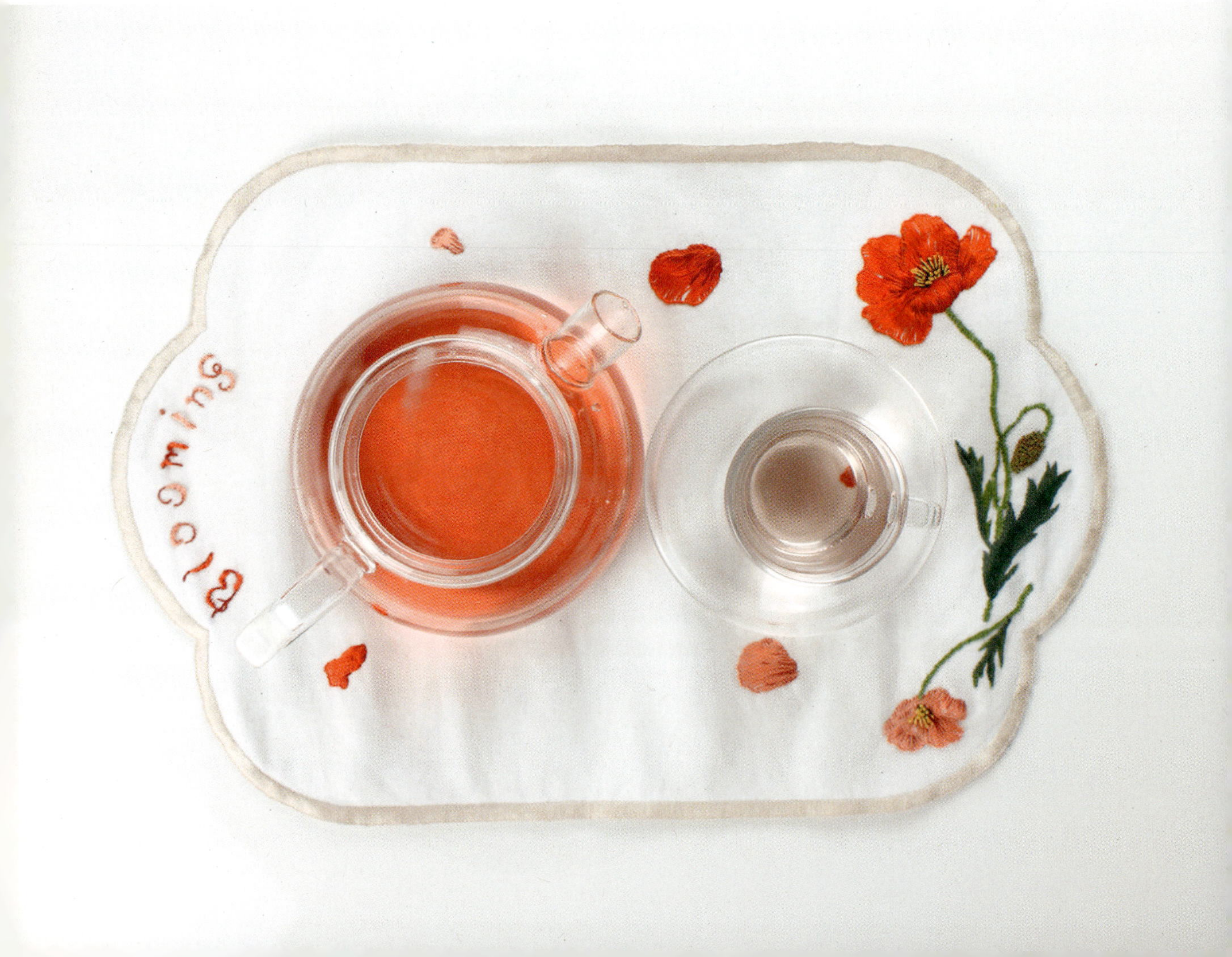

양귀비
××

준비물

실
319
352
520
543
610
728
900
3011
3346
3371
3777
3830

사용한 스티치
버튼홀s
스트레이트s
프렌치 노트s
디테치드 버튼홀s
피스틸s
터키s
롱 앤드 숏s

원단
20수 화이트 리넨(겉감 2장)

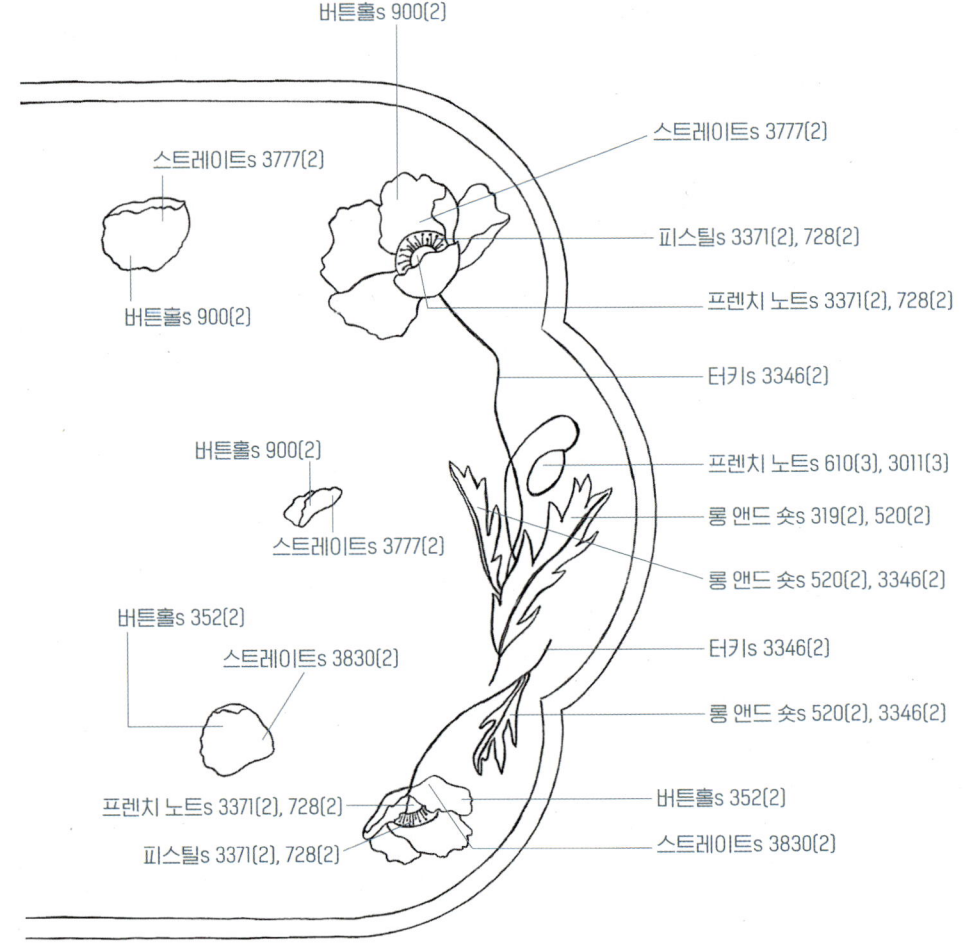

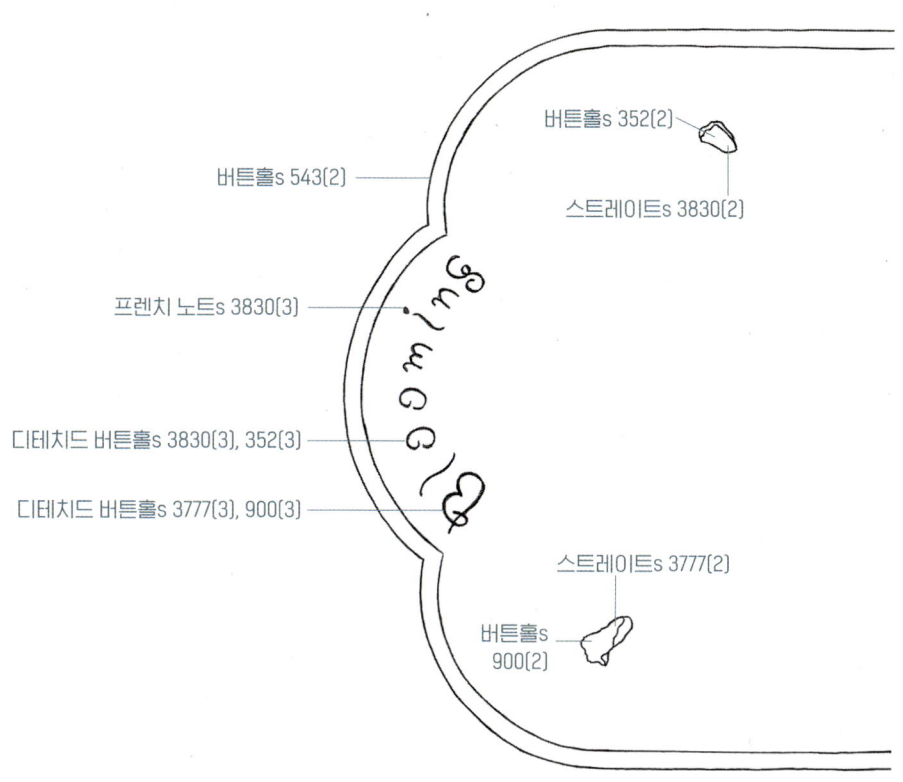

만들기 순서

【꽃】

01 900번으로 버튼홀s를 하는데, 촘촘하게 모든 면을 메우기보다는 리듬감이 있게 촘촘하다가 성기다가를 반복하며 수놓는다.

02 진한 색감 3777번으로 아랫부분에 스트레이트s로 그림자를 두어 꽃의 입체감을 더한다.

03 중심 수술 부분은 프렌치 노트s를 한다. 이때, 3371번을 사용해 전체적으로 70% 정도 면을 채우고, 728번으로 포인트를 주면서 나머지 30%를 채운다.

04 수술 중심 부분에서 스트레이트s를 한 꽃잎의 하단 부분까지 뻗어 나가는 방향으로 피스틸s를 한다.

05 분홍 꽃도 색감만 달리해서 같은 방법으로 수놓는다.

06 큰 꽃의 나머지 수술 부분은 서로 다른 두 가지 색상 610번과 3011번을 같은 양으로 사용해 프렌치 노트s를 한다.

만들기 순서

【잎】
큰 잎은 롱 앤드 숏s를 하기 위해 5칸으로 나눈다. 이때, 첫 번째와 두 번째 칸은 진한 컬러의 실을 사용하고 나머지 칸은 연한 컬러를 사용해 면을 메운다.

【줄기】
촘촘하게 터키s를 한 후 가위로 짧게 잘라 벨벳의 질감을 표현한다.

【레터링】
01 영문자 B, l, m은 3777번으로 백s를 하고, 900번으로 백s 위에 버튼홀s로 두 단을 쌓아 입체감을 표현한다. 이때, 모든 백s 위에 버튼홀s를 하는 것이 아니라 포인트를 주고 싶은 부분에만 버튼홀s를 하여 프릴 같은 질감을 표현한다.

02 영문자 o, i, n, g는 3830번으로 먼저, 백s 한 후 그 위에 352번으로 버튼홀s를 하며 두 단을 쌓아 올린다. 이것 또한 모든 백s 위에 버튼홀s를 하는 것이 아닌 포인트를 주고 싶은 부분에만 수 놓는다.

유의할 점

01 버튼홀s로 꽃잎을 수놓을 때 너무 힘을 많이 주면 원단이 울 수 있으니 힘 조절에 유의한다.
02 버튼홀s로 티 매트 외곽선을 마무리할 때 밖에서 원단이 보이지 않도록 촘촘하게 수놓는다.

마무리

01 수놓은 앞면 원단과 뒷면을 가릴 원단을 합쳐 외곽선을 따라 백s로 두 원단이 맞물려 고정될 수 있도록 한다.
02 백s가 밖에서 보이지 않게 감싸면서 버튼홀s로 촘촘하게 수놓는다.
03 버튼홀s로 완성한 외곽 부분의 원단을 깔끔하게 잘라낸다.

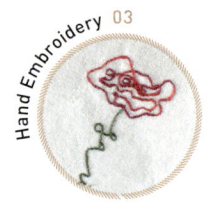

Hand Embroidery 03

라 비 앙 로즈 에코백

프랑스의 대표적 샹송 가수 에디프 피아프Edith Piaf의 노래 라 비 앙 로즈La vie en rose에 영감을 받아 만들었습니다. 초보자도 도전할 수 있는 간단한 스티치를 활용한 디자인입니다. 하루면 완성할 수 있는 작품이면서 소중한 사람들에게 정성을 담아 선물하기에도 좋습니다.

라 비 앙 로 즈

준비물

실
3362
DMC 베리에이션 4210

사용한 스티치
아웃라인s
프렌치 노트s

원단
옥스포드 재질의 에코백

부자재
실크 단면 접착심지(선택사항)

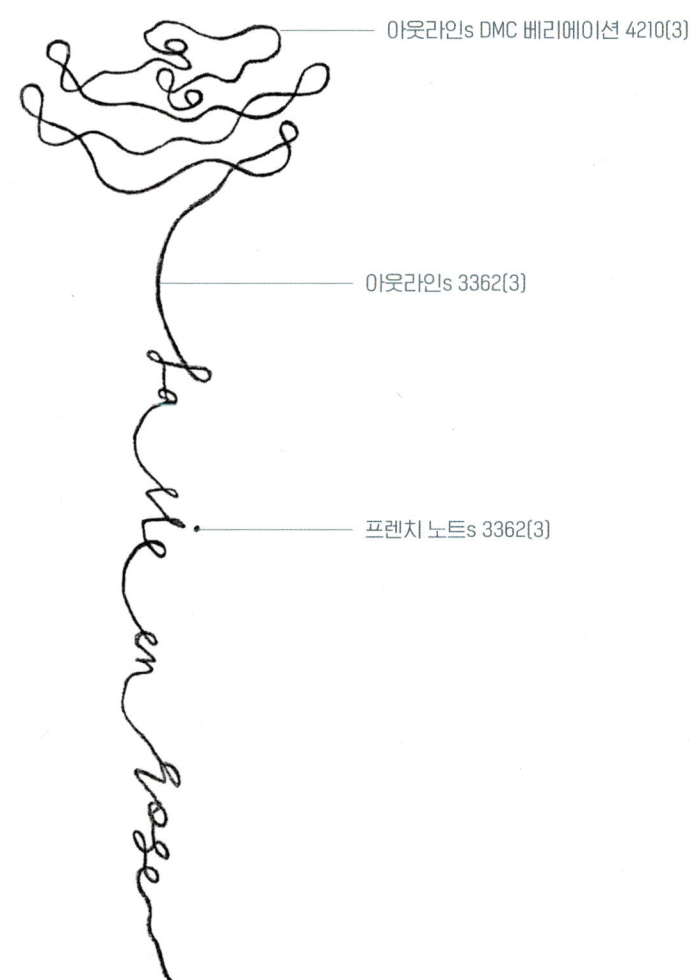

아웃라인s DMC 베리에이션 4210(3)

아웃라인s 3362(3)

프렌치 노트s 3362(3)

만들기 순서

01 꽃 안쪽부터 시작해 아웃라인s로 수놓으며 바깥으로 나온다.
02 줄기 부분은 3362번으로 촘촘하게 아웃라인s를 한다.
03 영어 i 점 부분은 프렌치 노트s를 한다.

유의할 점

줄기 레터링 부분은 곡선이 많기에 조금 더 촘촘하게 유의하며 수놓는다. 곡선 부분의 실이 제자리를 잡지 못하고 쏠릴 경우 부분적으로 카우칭s를 하여 원단에 고정한다.

마무리

실용성이 많은 에코백이니 수놓은 원단 뒷면에 실크 단면 접착심지를 다리미 열로 붙여 더 단단하게 자수를 고정한다.

러브 이즈 더 베스트 블라우스

항상 많은 생각을 주는 단어는 바로 '사랑'입니다. 거품처럼 뽀글뽀글 올라오는 사랑에 대한 생각 중 항상 마지막에 떠오르는 것은 결국 사랑이 사람을 움직이게 하고 감동하게 하는 최고의 가치라는 것입니다. 이런 생각을 담아 아름다운 꽃 한 송이를 피워봤습니다. 간단한 디자인이니 블라우스나 에코백 등에 수놓아 사랑에 대한 생각을 풀어보는 것은 어떨까요?

러브 이즈 더 베스트

준비물

실
934
3787
DMC 베리에이션 4017

원단
신축성이 작은 블라우스

사용한 스티치
아웃라인s
스플릿s
프렌치 노트s
백s
피시본s

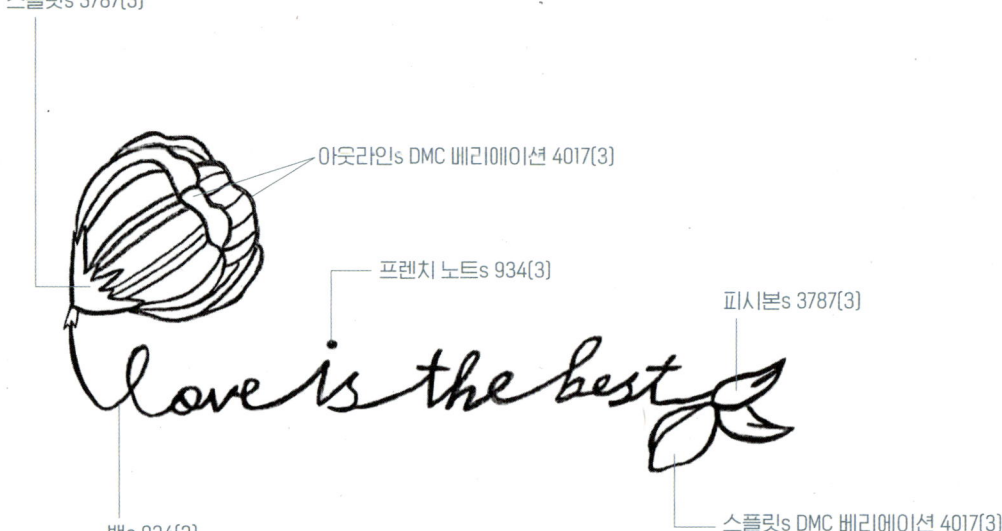

스플릿s 3787(3)
아웃라인s DMC 베리에이션 4017(3)
프렌치 노트s 934(3)
피시본s 3787(3)
백s 934(3)
스플릿s DMC 베리에이션 4017(3)

만들기 순서

01 아웃라인s로 꽃에 그려진 스케치 선을 따라 수놓는다. 이때, 중심 부분은 아웃라인s로 면을 채운다.
02 스플릿s로 꽃받침 부분의 면을 채운다.
03 백s로 레터링을 수놓는다.
04 베리에이션을 사용해 스플릿s로 봉오리를 수놓고 피시본s로 잎사귀를 만든다.

유의할 점

수놓고자 하는 원단의 신축성이 너무 클 경우 자수가 울거나 예쁘지 않은 모양으로 완성될 수 있다. 가능한 신축성이 작거나 거의 없는 옷을 선택하고, 신축성이 큰 원단을 사용할 경우 뒷면에 단면 접착심지를 붙여 수를 놓는다.

Hand Embroidery 05

작약 & 토끼풀 양말 자수

수틀이 없어도 그저 실과 바늘만 있다면 바로 도전해볼 수 있는 양말 자수입니다. 추운 겨울날 포근함과 포실포실한 매트함을 더해줄 수 있는 울사를 사용했습니다. 색감이 독특하거나 패턴이 있는 양말에 수놓는다면 크게 꾸미지 않아도 예쁜 패션 아이템으로 일상 속에서 빛을 발할 것입니다.

작약

토끼풀

준비물

【 작약 】

실
애플톤 울사 142
애플톤 울사 245
애플톤 울사 601

사용한 스티치
캐스트온s
스파이더 웹s
우븐 피콧s

【 토끼풀 】

실
애플톤 울사 251
애플톤 울사 293
애플톤 울사 296
애플톤 울사 991B

사용한 스티치
캐스트온s
프렌치 노트s
스트레이트s
새틴s
아웃라인s
레이지 데이지s

원단
양말

부자재
시침핀

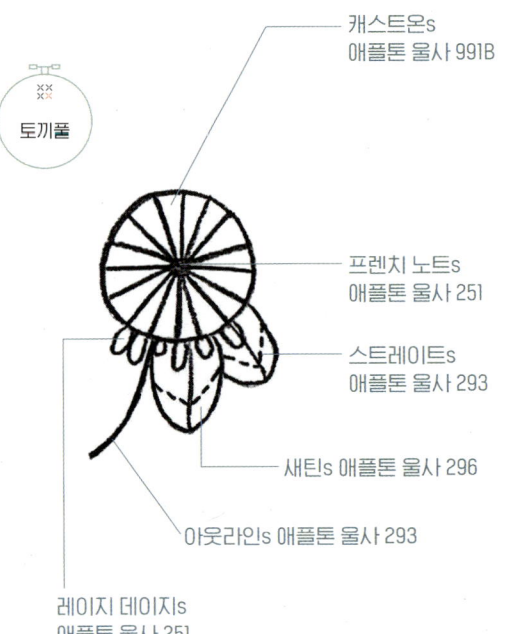

작약
캐스트온s 애플톤 울사 142
우븐 피콧s 애플톤 울사 245
스파이더 웹s
애플톤 울사 142+애플톤 울사 601

토끼풀
캐스트온s 애플톤 울사 991B
프렌치 노트s 애플톤 울사 251
스트레이트s 애플톤 울사 293
새틴s 애플톤 울사 296
아웃라인s 애플톤 울사 293
레이지 데이지s 애플톤 울사 251

 토끼풀 양말 자수 라이브 방송

만들기 순서

【작약】

01 애플톤 울사 142번과 601번을 합사하여 스파이더 웹s를 한다.
02 애플톤 울사 142번으로 꽃 주변에 밀착해 캐스트온s를 하면서 만들어둔 스파이더 웹s를 감싼다.
03 초록색 실로 시침핀을 활용해 우븐 피콧s를 한다.

【토끼풀】

01 새틴s로 잎사귀를 촘촘히 일정하게 수놓는다.
02 잎사귀 위에 연두색 실로 스트레이트s를 하여 잎사귀의 질감을 표현하고 아웃라인s로 꽃의 줄기를 만든다.
03 애플톤 울사 251번으로 레이지 데이지s를 하여 꽃의 하단 부분을 만든다.
04 흰색 울사로 캐스트온s를 하여 꽃을 만든다.
05 꽃 중심에 약 여섯 개의 프렌치 노트s를 수놓는다.

유의할 점

01 양말은 대체로 신축성이 좋기 때문에 수를 놓으면 원단이 울기 쉽다. 따라서 손에 너무 힘을 주지 않고, 순서에 따라 자수가 제자리를 찾아갈 수 있도록 위치를 잡으면서 수놓는다.
02 수놓는 위치는 신발을 신었을 때 자수가 밖으로 나와 보이도록 위치를 잡는다.
03 목이 긴 양말은 목을 돌돌 말아 접어서 집게로 집어두고 수놓는다.

마무리

양말처럼 실용성이 높은 것은 튼튼한 마무리가 중요하다. 수를 다 놓고 뒷부분에 매듭을 두 번 짓고, 뒷면에 만들어진 자수 실들을 바늘로 통과하여 더 튼튼하게 자수를 고정한다.

Hand Embroidery 06

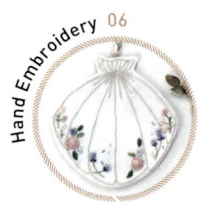

조개 쥬얼리 매트

자주 사용하는 반지와 목걸이를 둘 수 있는 쥬얼리 매트를 화장대에 놓아 보세요. 은은한 파스텔 톤으로 구성된 여성스러운 느낌의 디자인은 쥬얼리 매트를 넘어 인테리어로도 손색이 없습니다. 자수하면 떠오르는 대표적인 장미 스티치로 구성했기에 꽃 자수를 즐기는 분이라면 즐겁게 수놓으실 수 있습니다.

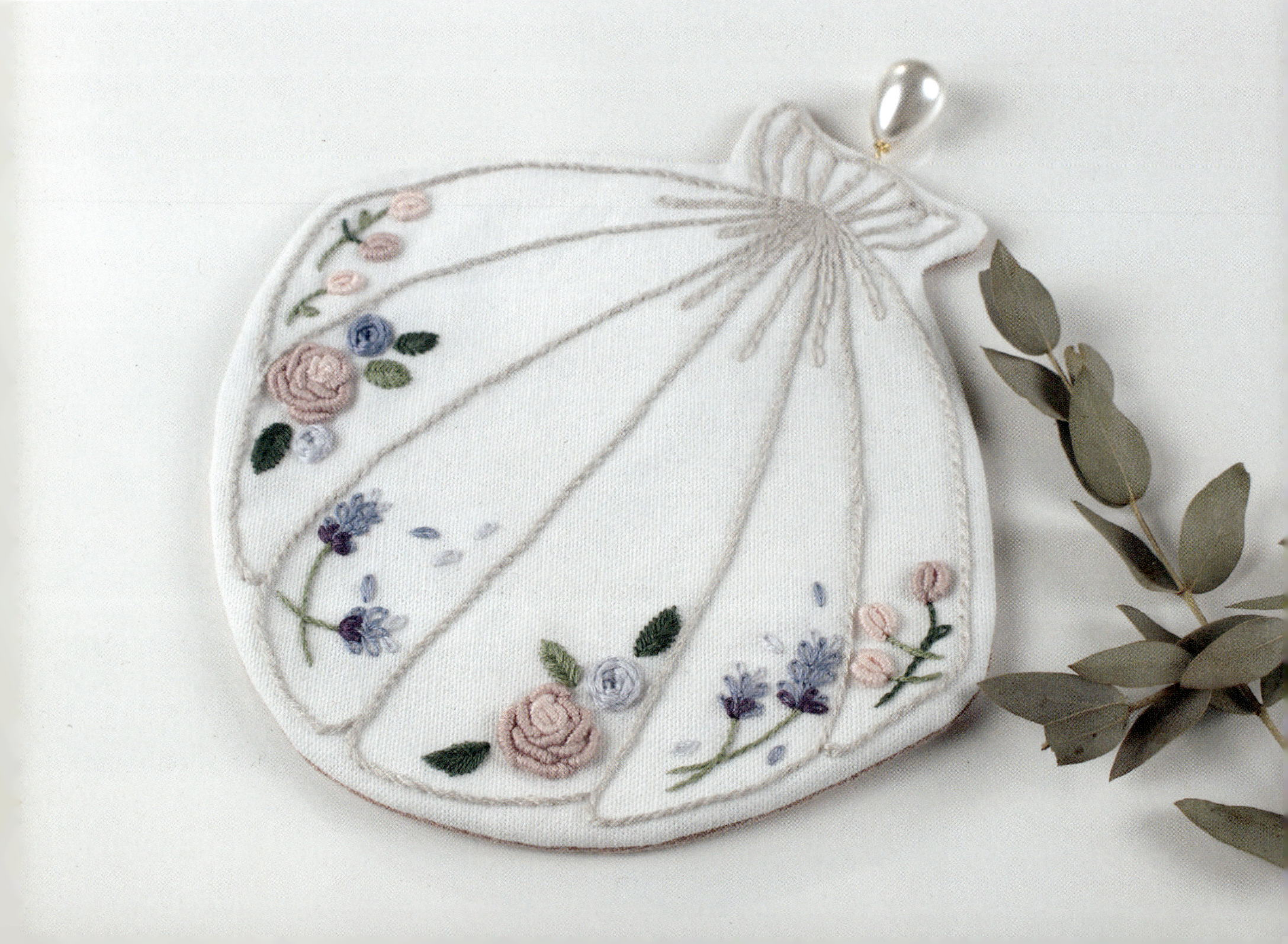

조개 쥬얼리

준비물

실
160
327
453
778
818
3362
3364
3747

사용한 스티치
아웃라인s
체인s
레이지 데이지s
블리온s
스파이더 웹s
피시본s

원단
화이트 광목 20수(겉감 2장)

부자재
단면 접착솜(2온스)
물방울 모양 진주 비즈(선택사항)

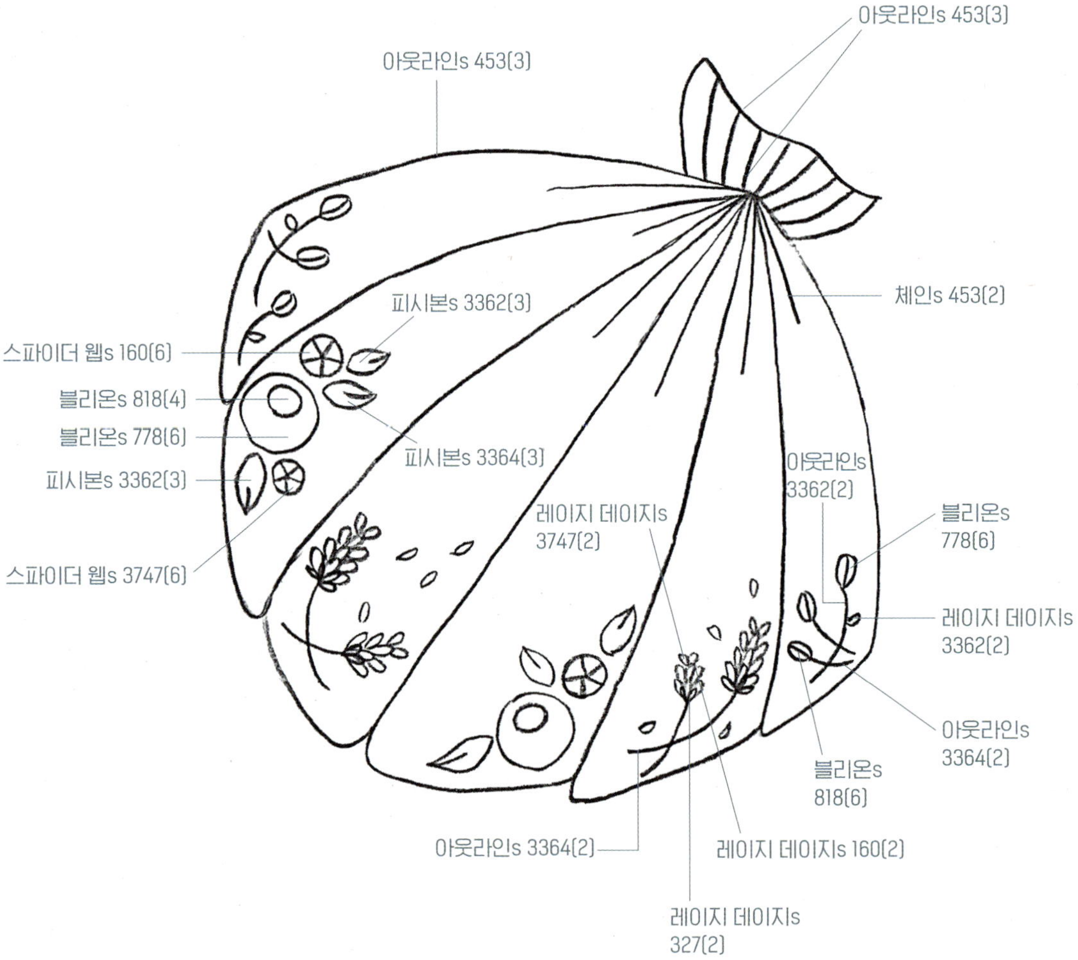

아웃라인s 453(3)
아웃라인s 453(3)
피시본s 3362(3)
체인s 453(2)
스파이더 웹s 160(6)
블리온s 818(4)
블리온s 778(6)
피시본s 3364(3)
피시본s 3362(3)
아웃라인s 3362(2)
블리온s 778(6)
스파이더 웹s 3747(6)
레이지 데이지s 3747(2)
레이지 데이지s 3362(2)
아웃라인s 3364(2)
블리온s 818(6)
아웃라인s 3364(2)
레이지 데이지s 160(2)
레이지 데이지s 327(2)

 시접이 포함되어 있지 않은 도안입니다.
원단을 자를 때 시접(약 1cm)을 포함해서 재단하세요.

만들기 순서

01 블리온s와 스파이더 웹s로 장미를 만든다.
02 피시본s로 장미 잎을 만든다.
03 레이지 데이지s로 라벤더를 만들 때 꽃 위에서부터 수놓아 아래로 쌓아 내려간다. 줄기는 아웃라인s로 만든다.
04 블리온s와 아웃라인s로 튤립을 만든다.
05 아웃라인s로 조개 외곽선을 수놓고, 체인s로 안쪽 결을 표현한다.

유의할 점

01 블리온s로 장미를 수놓을 때는 그림과 같은 형태로 가장 중심에서부터 밖으로 쌓아가면서 수놓는다.

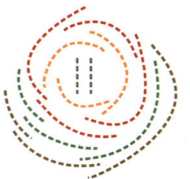

02 블리온s로 튤립을 만들 때는 가운데 중심 잎을 만들고, 중심보다 2mm 정도 길게 해서 양쪽 잎을 만든다.

마무리

part1 티코스터로 마무리하기 (44쪽)

01 2온스 단면 접착솜을 도안에 맞게 자른 후 수놓은 원단 뒷면에 올리고 헝겊으로 덮고 다리미로 눌러 붙인다.
02 밖에서 보일 겉면끼리 맞닿게 한 후 시접(약 1cm)에 창구멍을 남기고 박음질(백s)을 한다.
03 창구멍에 손을 넣어 원단을 뒤집은 후 비즈를 달고 공그르기로 창구멍을 막는다.
04 자수에 다리미가 닿지 않도록 주의하면 다림질하여 모양을 잡아 마무리한다.

Hand Embroidery 07

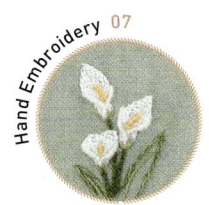

목화, 라벤더 & 칼라 카드

포근한 목화와 은은한 향기를 뽐내는 라벤더의 만남입니다. 부드러운 크림색과 보라색의 조화로 절제된 화려함이 돋보입니다. 또한, 단독으로 수놓은 우아한 칼라는 연두색, 흰색, 노란색의 조화로 칼라의 여성스러움을 극대화했습니다. 단단한 종이와 함께 정성스러운 카드로 만들었을 때 소중한 메시지를 담는 역할인 동시에 집안 곳곳에 세워두어도 자수 자체가 아름다운 오브제로 재탄생합니다.

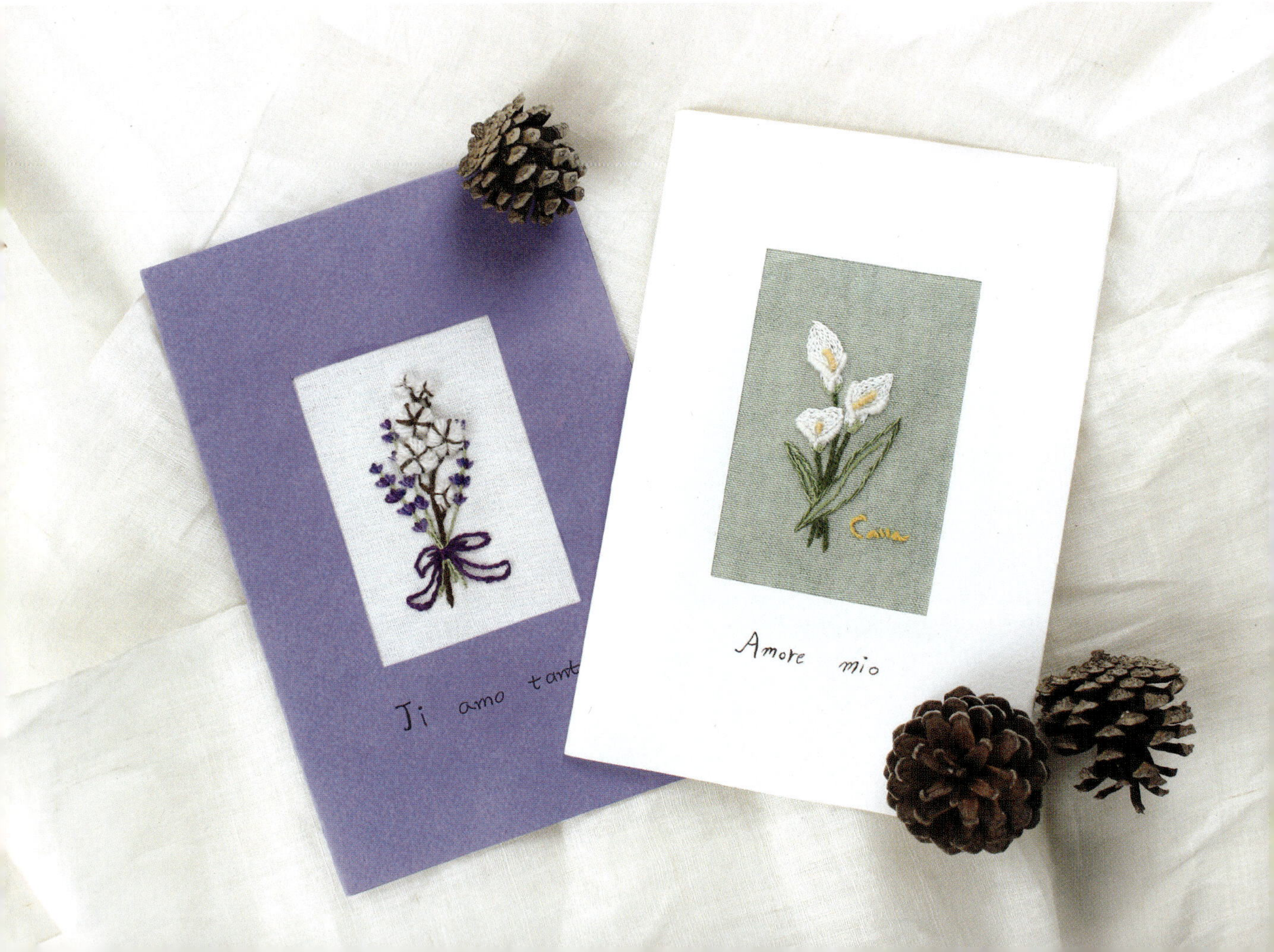

※
라벤더・목화・칼라

※

준비물

【 목화, 라벤더 】

실
333
550
791
3031
3364
애플톤 울사 991B
애플톤 울사 987

사용한 스티치
블리온s
스트레이트s
아웃라인s
레이지 데이지s
스트레이트s

원단
화이트 리넨 20수

부자재
얇은 빨대
두께 감이 있는 종이
딱풀

【 칼라 】

실
White
728
937
3881
애플톤 울사 991B
애플톤 울사 472

사용한 스티치
블리온s
체인s
오버 캐스트s
아웃라인s

원단
워싱 면 20수

부자재
두께 감이 있는 종이
딱풀

칼라

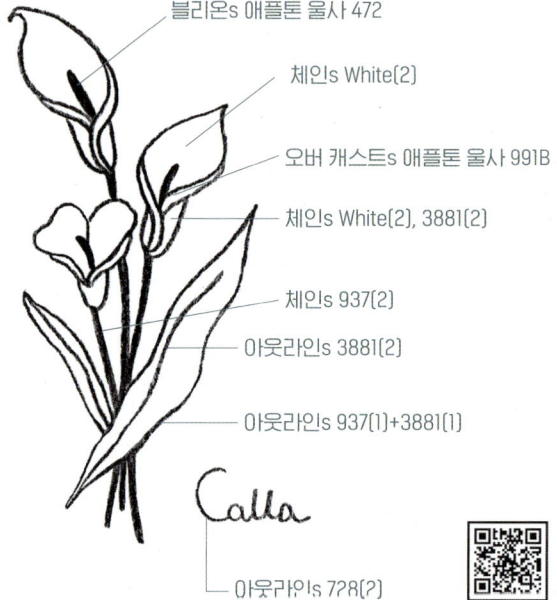

- 블리온s 애플톤 울사 472
- 체인s White(2)
- 오버 캐스트s 애플톤 울사 991B
- 체인s White(2), 3881(2)
- 체인s 937(2)
- 아웃라인s 3881(2)
- 아웃라인s 937(1)+3881(1)
- 아웃라인s 728(2)

Calla

목화 라벤더

- 블리온s 애플톤 울사 991B+애플톤 울사 987
- 스트레이트s 3031(2)
- 스트레이트s 3031(4)
- 블리온s 애플톤 울사 991B+애플톤 울사 987
- 아웃라인s 3364(2)
- 아웃라인s 3031(2)
- 레이지 데이지s 791(2), 333(2), 550(2)
- 스트레이트s 550(3)
- 아웃라인s 550(3)

만들기 순서

【목화, 라벤더】

01 라벤더 줄기를 일정한 간격으로 아웃라인s로 수놓는다.
02 목화 줄기는 3031번으로 한 줄로 아웃라인s를 수놓고, 바로 옆에 붙여서 한 줄 더 수놓아 총 두 줄로 완성한다.
03 아웃라인s로 리본 외곽선을 수놓고, 안쪽에 스트레이트s로 주름을 표현한다.
04 세 가지 종류의 보라색을 사용해 레이지 데이지s로 라벤더 잎을 완성한다.
05 두 가지 종류의 애플톤 울사를 합사해 블리온s로 목화 꽃을 표현한다. 이때, 큰 크기의 목화는 바늘에 빨대를 꽂아 더 두껍게 만든 후, 블리온s로 굵게 수놓는다.
06 완성된 목화는 3031번을 사용해 목화 외곽선에서 나와 중앙으로 들어가면서 원단에 고정한다.

【칼라】

01 칼라 꽃의 속을 체인s로 채운다.
02 꽃 밑단 부분은 그라데이션을 표현하기 위해 흰색 실로 한두 땀 정도 위에서부터 아래로 체인s를 한 후, 나머지 면적은 3881번으로 마저 체인s를 한다.
03 흰색 울사를 사용해서 오버 캐스트s로 꽃잎 끝부분을 표현한다.
04 노란색 울사를 사용해서 블리온s로 수술을 만든다.
05 꽃의 줄기를 체인s로 수놓는다.
06 937번과 3881번을 각각 한 가닥씩 합사해 총 두 가닥으로 아웃라인s를 한다.
07 이파리 속은 3881번으로 아웃라인s를 한다.
08 레터링은 아웃라인s를 한다.

유의할 점

【목화, 라벤더】

01 아웃라인s로 리본을 표현할 때 실 고리를 바깥쪽에 놓는다.
02 3031번으로 목화를 고정할 때 너무 세게 수놓지 말고 살짝 얹는 느낌으로 꽃의 양감을 유지하며 고정한다.

【칼라】

01 흰색 울사로 오버 캐스트s를 할 때 안에 미리 한 땀 수놓은 울사의 양감이 유지될 수 있도록 힘 주지 않고 살포시 얹으며 덮는다.
02 레터링은 곡선이 많고 사이즈가 작기 때문에 더 촘촘하게 아웃라인s를 한다.

마무리

01 머메이드지를 가로 26cm 세로 40cm 직사각형으로 자른 후 그림과 같이 4등분 한다.
02 자수가 들어갈 부분에 가로 6cm 세로 9cm 직사각형을 잘라 창을 만든다.
03 완성한 자수 원단을 가로 8cm 세로 11cm 직사각형으로 자른다.
04 도안에 표기한 ①을 따라 직사각형으로 자른 자수 원단을 미리 직사각형으로 잘라둔 창에 놓아 위치를 잡고 딱풀로 붙인다.
05 ②처럼 종이를 반으로 접는다. 종이가 두꺼워 잘 접히지 않는다면 접는선을 따라 살짝 칼집을 내고 접는다.
06 접은 종이 안쪽에 딱풀을 발라 접은 면끼리 떨어지지 않도록 붙인다.
07 ③처럼 종이를 반으로 접어 카드를 완성한다. 두꺼워 잘 접히지 않는다면 접는선을 따라 살짝 칼집을 내고 접는다.
08 속지를 붙이고 싶다면 '카드 쓰는 곳'에 얇은 속지를 잘라 붙인다.

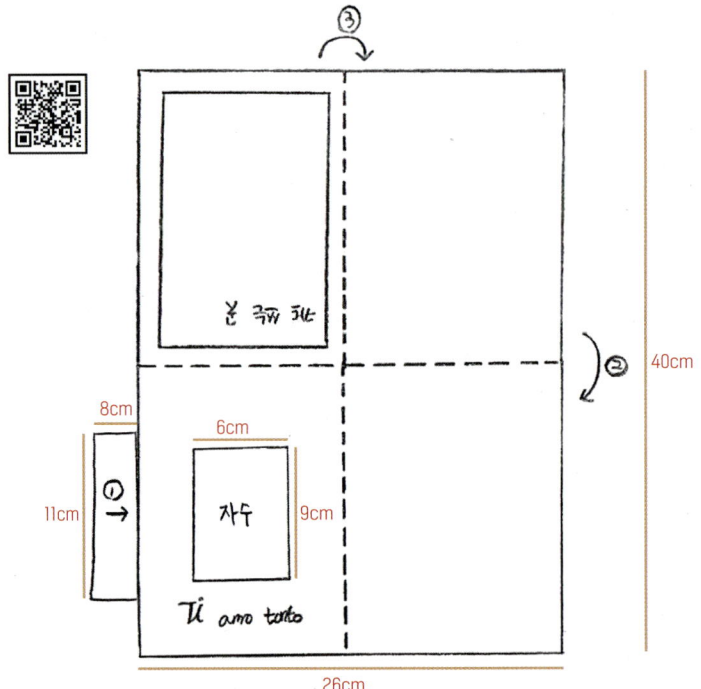

 카드 만들기는 설명을 위한 축소 도안입니다. 도안에 적힌 수치를 참고해서 만드세요.

Hand Embroidery 08

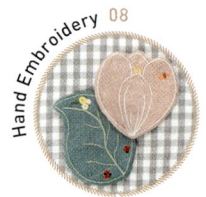

나뭇잎 & 꽃잎 티코스터 세트

우연히 마음에 드는 원단을 발견해 디자인하여 만든 티코스터 세트입니다. 티코스터에 귀여운 나비와 무당벌레 한 쌍을 포인트로 넣었습니다. 꽃과 잎이 하나의 짝을 이뤄 소중한 사람과 함께 차 마시는 여유를 즐긴다면 더욱 귀한 시간이 되지 않을까요?

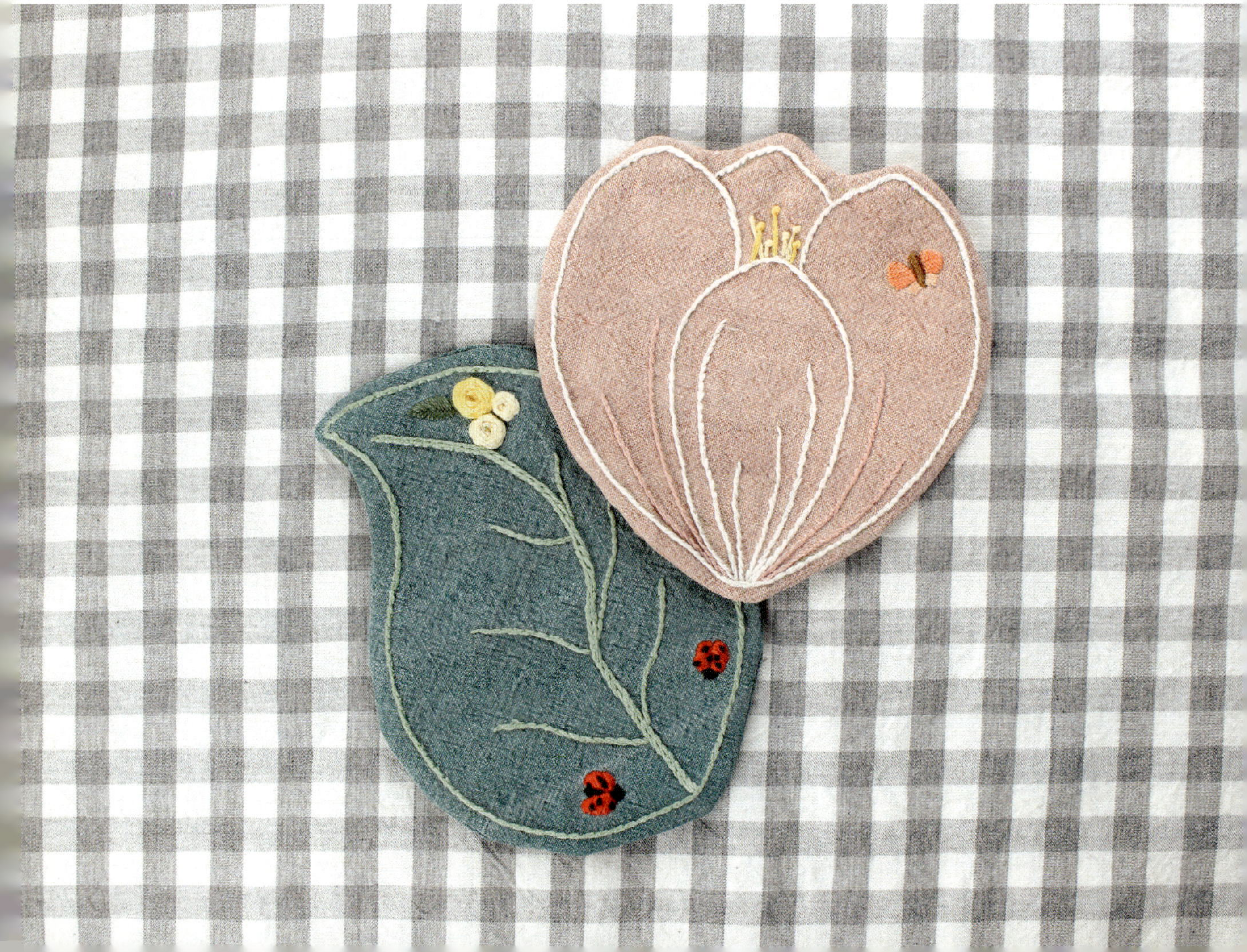

×× 꽃잎 ××

××

나뭇잎
××

꽃잎

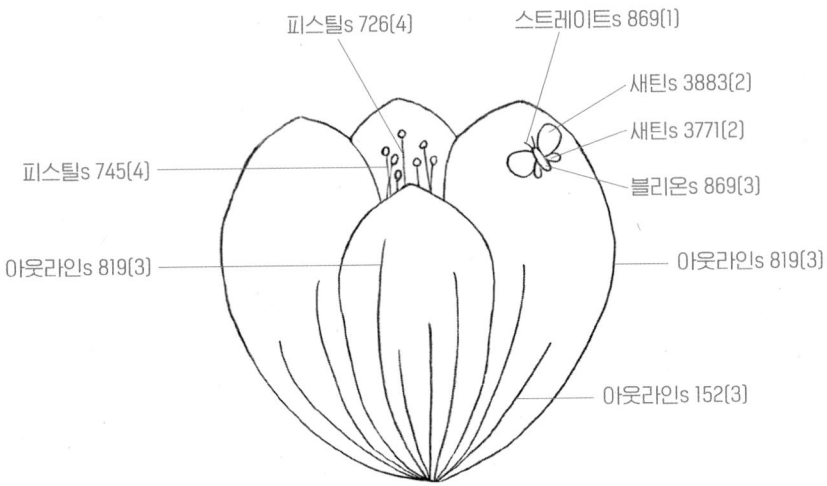

나뭇잎

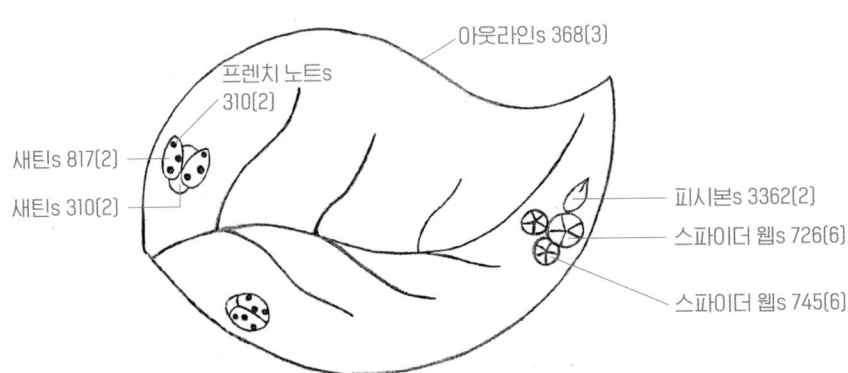

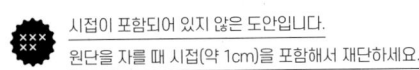
시접이 포함되어 있지 않은 도안입니다.
원단을 자를 때 시접(약 1cm)을 포함해서 재단하세요.

준비물

【 나뭇잎 】

실
310
368
726
745
817
3362

사용한 스티치
프렌치 노트s
새틴s
아웃라인s
피시본s
스파이더 웹s

【 꽃잎 】

실
152
726
745
819
869
3771
3883

사용한 스티치
피스틸s
스트레이트s
새틴s
블리온s
아웃라인s

원단
면 워싱원단 20수(겉감 2장)

부자재
단면 접착솜(2온스)

만들기 순서

【 나뭇잎 】

01 아웃라인s로 전체적인 외곽선과 나뭇잎 잎맥을 표현한다. 잎맥 중심 부분은 아웃라인s로 두 줄 수놓아 두께 감을 더한다.

02 스파이더 웹s와 피시본s로 꽃을 만든다.

03 새틴s와 프렌치 노트s로 무당벌레를 수놓는다. 몸통을 먼저 작업한 후 날개 부분으로 덮듯이 새틴s로 수놓는다.

【 꽃잎 】

01 아웃라인s로 전체적인 외곽선과 꽃의 잎맥을 표현한다. 곡선을 표현할 때 실 위치에 유의하며 수놓는다.

02 노란색 두 가지 색상을 적절한 위치에 배치하여 피스틸s로 수놓는다.

03 나비 날개 부분을 새틴s로 만든다.

04 양 날개 중심에 블리온s로 나비 몸통을 만든다.

05 더듬이 부분을 간단하게 스트레이트s로 수놓는다.

유의할 점

【공통】

아웃라인s로 곡선 부분을 표현할 때는 항상 실을 곡선의 바깥 부분에 위치시킨다.

【나뭇잎】

01 무당벌레 날개 부분에 볼륨이 없다면, 새틴s로 한 겹을 쌓고 그 위에 살포시 얹는다는 느낌으로 한 번 더 새틴s로 수놓는다.

02 무당벌레 도트 부분을 수놓을 때 프렌치 노트s를 너무 힘주지 않고 얹는다는 느낌으로 힘 조절을 해야 노트가 새틴s 속으로 들어가는 것을 방지할 수 있다.

【꽃잎】

나비 날개가 서로 너무 벌어지지 않도록 사이 간격을 최대한 밀착해서 수놓는다. 그래야 블리온s로 몸통을 만들었을 때 빈틈이 생기지 않는다.

마무리

part1 티코스터로 마무리하기 (44쪽)

01 2온스 단면 접착솜을 도안에 맞게 자른 후 수놓은 원단 뒷면에 올리고 헝겊으로 덮고 다리미로 눌러 붙인다.

02 외관에서 보일 앞면과 뒷면을 서로 맞닿게 한 후 시접(약 1cm)에 창구멍을 남기고 박음질(백s)로 꿰맨다.

03 창구멍에 손을 넣어 원단을 뒤집고 모양을 잡는다.

04 공그르기로 창구멍을 꿰맨다.

05 다림질로 모양을 잡아 마무리한다. 이때, 자수에는 다리미가 닿지 않도록 유의힌다.

Hand Embroidery 09

꽃반지

××
××

'예쁘게 수놓은 자수를 패션 아이템으로 활용할 수 있는 방법은 없을까?' 하며 고민하던 중에 만든 자수 꽃반지입니다. 손가락에 맞는 실반지만 있다면 예쁜 자수를 붙여 포인트 아이템으로 만들 수 있습니다.

××
꽃반지
××

준비물

실
791
3807
DMC 디아망 d168

사용한 스티치
새틴s
롱 앤드 숏s
터키s

원단
화이트 리넨 20수

부자재
비즈와 스팽글
하드 펠트
글루건
실반지

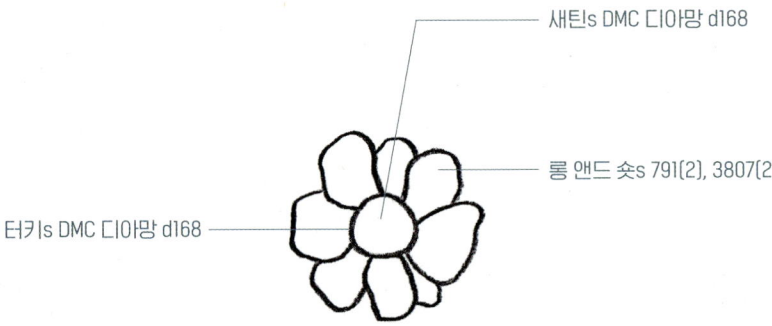

새틴s DMC 디아망 d168
롱 앤드 숏s 791(2), 3807(2)
터키s DMC 디아망 d168

 만들기 순서

01 리넨 위에 도안을 스케치하고 꽃잎 바깥쪽부터 안쪽을 향해 들어오면서 791번과 3807번을 사용해 롱 앤드 숏s를 한다.

02 은색 메탈사로 터키s를 하며 수술을 표현한다. 이때, 중심원의 외곽선을 터키s로 두 번 둘러 풍성함을 표현한다.

03 메탈사를 이용해 꽃의 중심을 새틴s 한다.

04 비즈와 스팽글을 메탈사로 고정한다.

유의할 점

DMC 디아망 d168이 없다면, DMC 라이트 이펙트 e168 한 가닥만 뽑아 사용해도 좋다.

마무리

01 완성된 꽃 외곽선을 1mm 정도 띄고 리넨 원단을 가위로 자른다.

02 실로 반지와 펠트를 고정한다.

03 글루건으로 완성된 자수와 펠트를 붙인다.

04 펠트가 밖에서 보였으면 하는 만큼 남기고 다듬는다.

Hand Embroidery 10

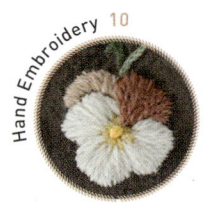

팬지 앞치마

봄이면 따뜻한 햇살에 하나둘씩 아름답게 색을 뽐내는 꽃이 있습니다. 바로 '나를 생각해주세요'라는 꽃 말의 팬지입니다. 유럽에서는 꽃말 때문에 로맨틱한 꽃의 상징입니다. 강하지 않은 색감의 울사를 사용해 부드럽게 수놓은 팬지 앞치마를 두르고 자수나 꽃꽂이를 하면 그 어떤 순간보다 스스로를 가장 사랑하며 존중하고 있음을 느낄 수 있습니다.

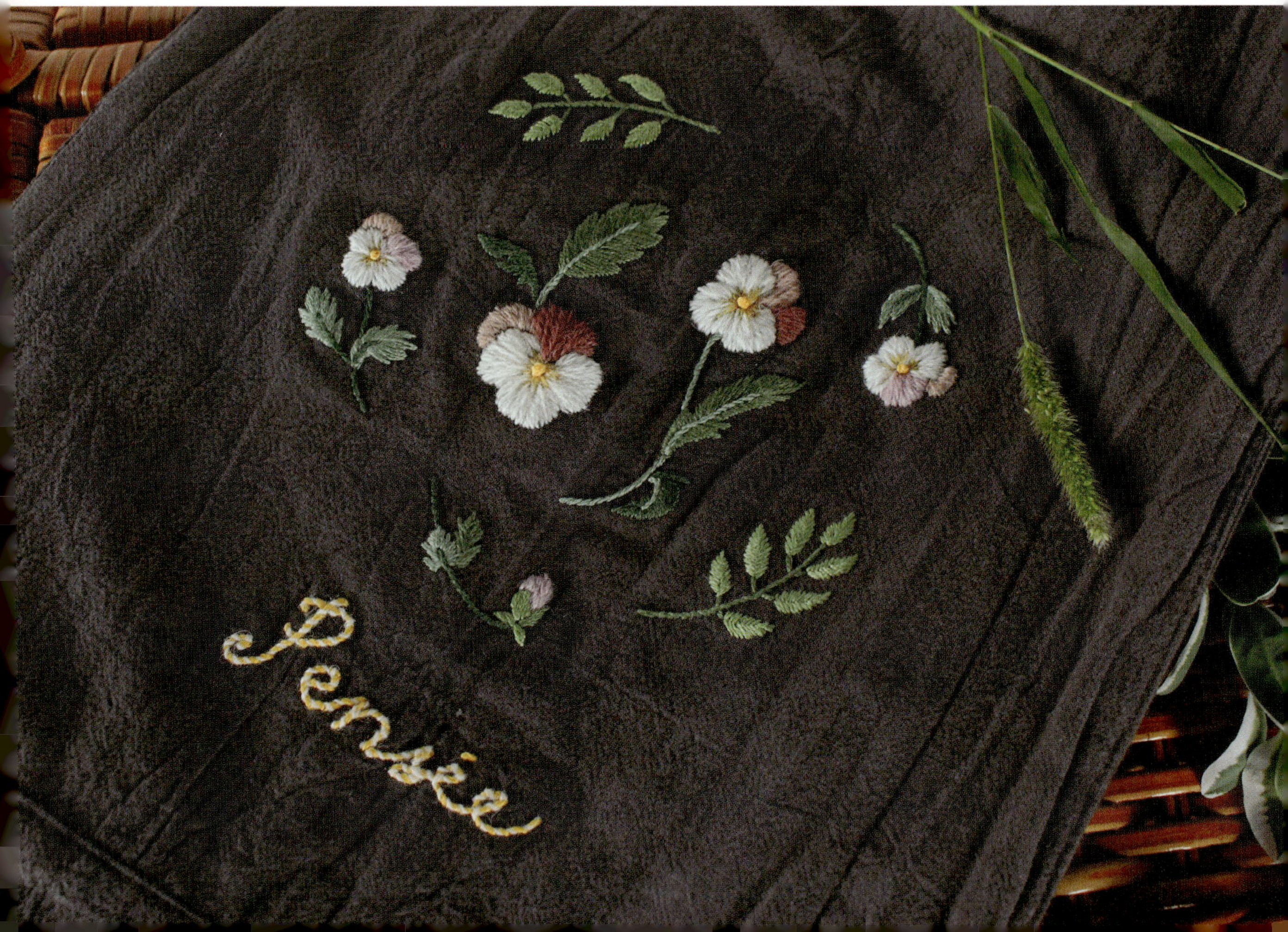

팬지
××

준비물

실
520
522
725
3363
3881
애플톤 울사 121
애플톤 울사 125
애플톤 울사 472
애플톤 울사 601
애플톤 울사 991B

사용한 스티치
피시본s
아웃라인s
새틴s
스트레이트s
프렌치 노트s
휘프드 백s

원단
면, 리넨 혼방 앞치마

부자재
실크 단면 접착심지

팬지꽃 앞치마 자수 라이브 방송

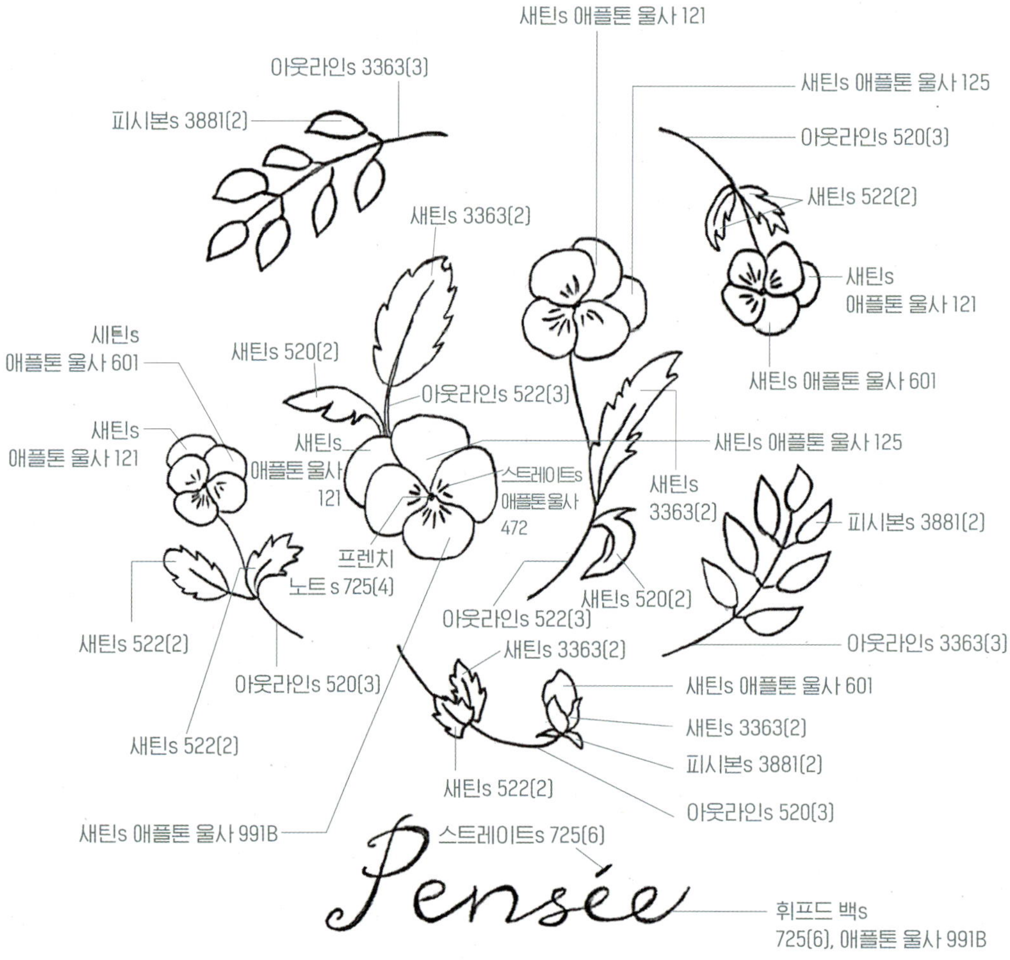

새틴s 애플톤 울사 121
새틴s 애플톤 울사 125
아웃라인s 3363(3)
아웃라인s 520(3)
피시본s 3881(2)
새틴s 522(2)
새틴s 3363(2)
새틴s 애플톤 울사 121
새틴s 애플톤 울사 601
새틴s 애플톤 울사 601
새틴s 520(2)
새틴s 애플톤 울사 121
아웃라인s 522(3)
새틴s 애플톤 울사 125
새틴s 애플톤 울사 121
새틴s 애플톤 울사 121
스트레이트s 애플톤 울사 472
새틴s 3363(2)
피시본s 3881(2)
프렌치 노트s 725(4)
새틴s 520(2)
아웃라인s 3363(3)
새틴s 522(2)
아웃라인s 522(3)
새틴s 애플톤 울사 601
아웃라인s 520(3)
새틴s 3363(2)
새틴s 3363(2)
피시본s 3881(2)
새틴s 522(2)
아웃라인s 520(3)
새틴s 애플톤 울사 991B
스트레이트s 725(6)
휘프드 백s 725(6), 애플톤 울사 991B

Pensée

만들기 순서

01. 꽃을 제외한 푸른 잎 부분을 새틴s로 수놓는다. 잎의 결 표현은 채우고자 하는 면의 중심을 먼저 나누고, 중심부터 시작해 반쪽을 다 채우고 다시 중심으로 돌아와 나머지 면적을 수놓는다.
02. 촘촘한 피시본s로 나머지 잎사귀를 채운다.
03. 아웃라인s로 식물 줄기 부분을 수놓는다.
04. 노란색 울사로 꽃 중심 부분에 스트레이트s를 수놓아 중심에서 바깥으로 퍼지는 결을 표현한다. 그런 후 중심 부분은 725번을 사용해 한 개의 프렌치 노트s를 수놓는다.
05. 꽃잎의 나머지 빈 부분은 각각 위치에 맞게 표기된 실 번호를 따라 새틴s로 수놓는다.
06. 레터링은 먼저 725번으로 백s를 수놓는다. 그 후 흰색 울사로 감아가며 휘프드 백s로 완성한다.

유의할 점

01. 새틴s는 채우고자 하는 면적의 중심 부분을 먼저 한 땀 두어 전체적인 결을 정하고, 그 결에 맞춰 나머지 면적을 순서대로 채우는 것이 편리하다.
02. 꽃잎의 공통된 흰색 이파리 석 장은 가장 큰 꽃에 표시한 실 번호와 스티치를 참고하여 수놓는다.
03. 레터링 부분에 사용되는 휘프드 백s를 할 때는 너무 세게 감지 않고 조심스럽게 얹는 듯한 느낌으로 감아 앞서 백s 해둔 노란색 실의 볼륨을 살린다.

마무리

완성된 앞치마 뒷면에 다리미를 활용해 '실크 단면 접착심지'를 붙여 세탁 시에도 올이 풀리지 않게 고정한다.

Hand Embroidery 11

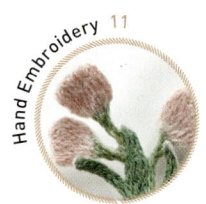

튤립 마그넷

봄과 초여름에 다양한 색을 뽐내며 모습을 드러내는 튤립.
햇살을 가득 받아 투명하고 맑은 느낌으로 빛을 내는 핑크 튤립을 자수로 만들어 보았습니다. 작고 귀여운 크기의 마그넷으로 만들어 냉장고에 추억이 담긴 엽서나 메모를 고정해보는 것은 어떨까요?

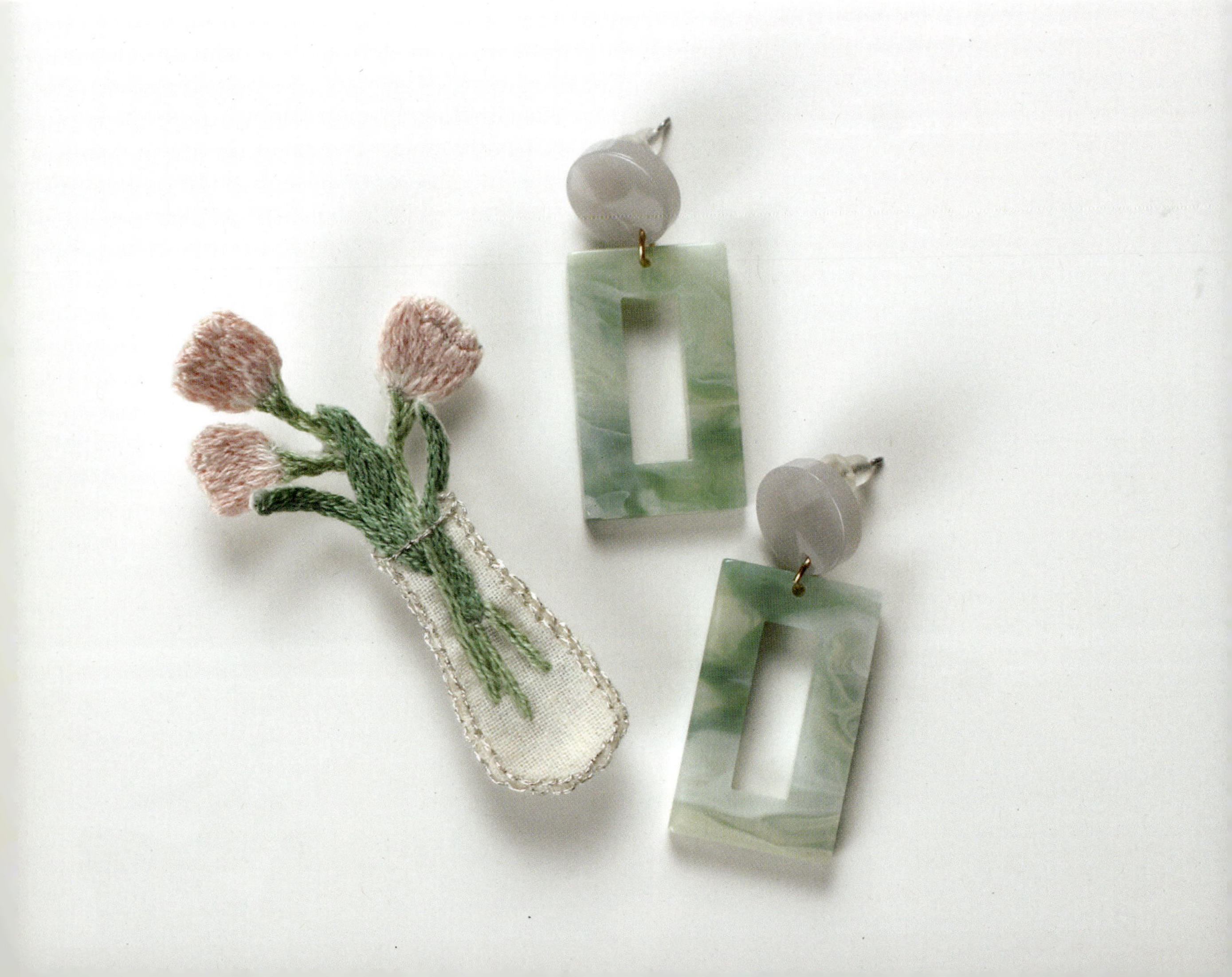

튤립

준비물

실
320
368
819
3713
DMC 디아망 d168

원단
광목 20수

부자재
하드 펠트
자석
글루건

사용한 스티치
아웃라인s
프리s
스플릿s
백s

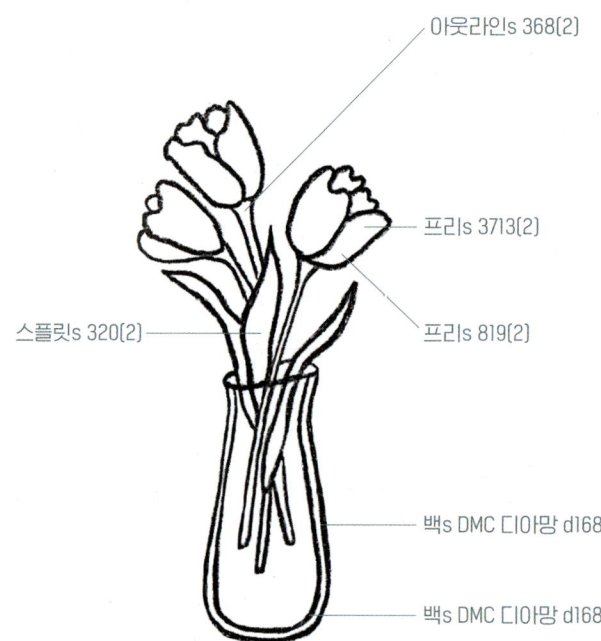

아웃라인s 368(2)
프리s 3713(2)
프리s 819(2)
스플릿s 320(2)
백s DMC 디아망 d168
백s DMC 디아망 d168

 시접이 포함되어 있지 않은 도안입니다.
원단을 자를 때 시접(약 1cm)을 포함해서 재단해주세요.

만들기 순서

01 튤립 줄기는 368번으로 외곽선을 따라 아웃라인s로 수놓고 비어있는 안쪽은 다시 아웃라인s로 채운다.

02 320번으로 외곽선부터 안쪽을 향해 들어가면서 스플릿s로 면을 채운다.

03 819번으로 튤립 아랫부분을 프리s를 한다. 프리s는 정해져 있는 기법이 아닌 표현하고자 하는 물체의 결을 살려가면서 자유롭게 수놓는 것을 의미한다.

04 앞서 만든 프리s 위로 3713번을 사용해 마저 프리s 하면서 면을 채운다.

05 디아망사 168번을 사용해 백s로 병을 수놓는다.

유의할 점

01 프리s로 튤립 꽃잎을 수놓을 때 다양한 길이로 스티치를 하되 결은 일정하게 통일해 꽃의 질감을 살린다.

02 DMC 디아망 d168이 없다면, DMC 라이트 이펙트 e168 한 가닥만 뽑아 사용해도 좋다.

마무리

part1 마그넷 혹은 브로치로 마무리하기 (43쪽)

보기만 해도 미소가 지어지는 다양한 동물 자수 모음입니다. 만지고 싶은 입체적인 질감과 다양한 색 표현으로 보는 이의 즐거움을 더했습니다. 이번 파트에서는 하나의 오브제로 완성되는 액자부터 책갈피, 핀쿠션, 이어폰 정리개, 모빌까지 다양하게 활용하는 방법도 함께 소개합니다.

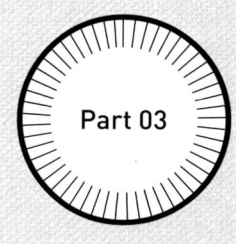

HAND EMBROIDERY

귀여운 동물 자수

푸들 프레임 파우치

푸들의 폭신폭신한 털이 포인트인 프레임 자수 파우치입니다. 울사를 사용해 털의 보송보송한 질감을 더했고, 원단의 노란색과 파란색 꽃을 적절히 사용해 포인트를 주었습니다. 실생활에서 가장 많이 사용하는 손바닥 크기의 파우치로 골드 프레임과 함께했을 때 그 아름다움이 배가 됩니다.

※※ 푸들

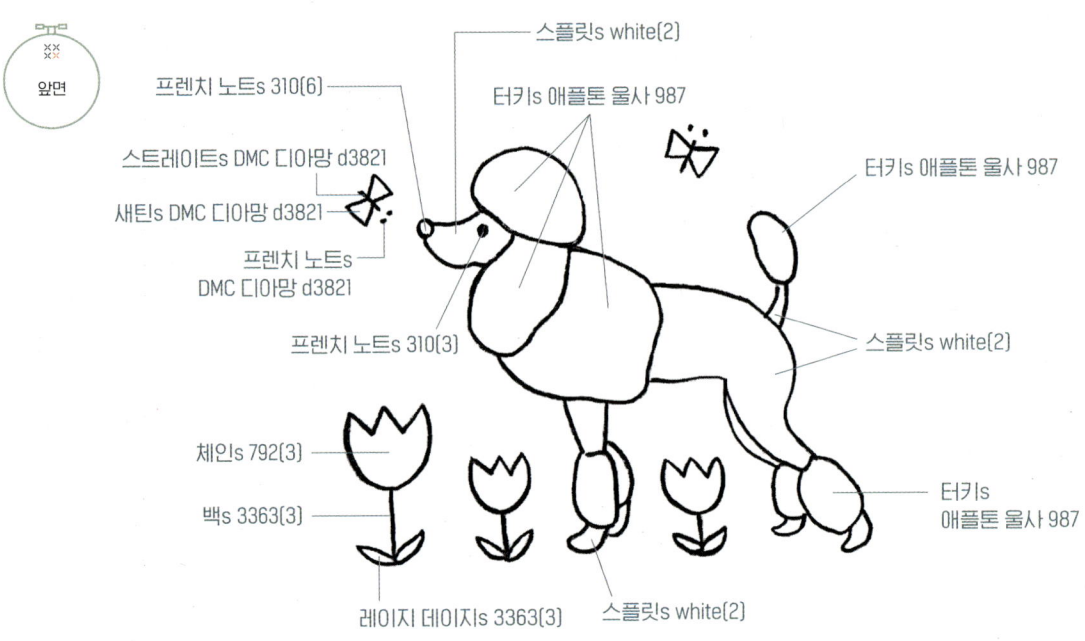

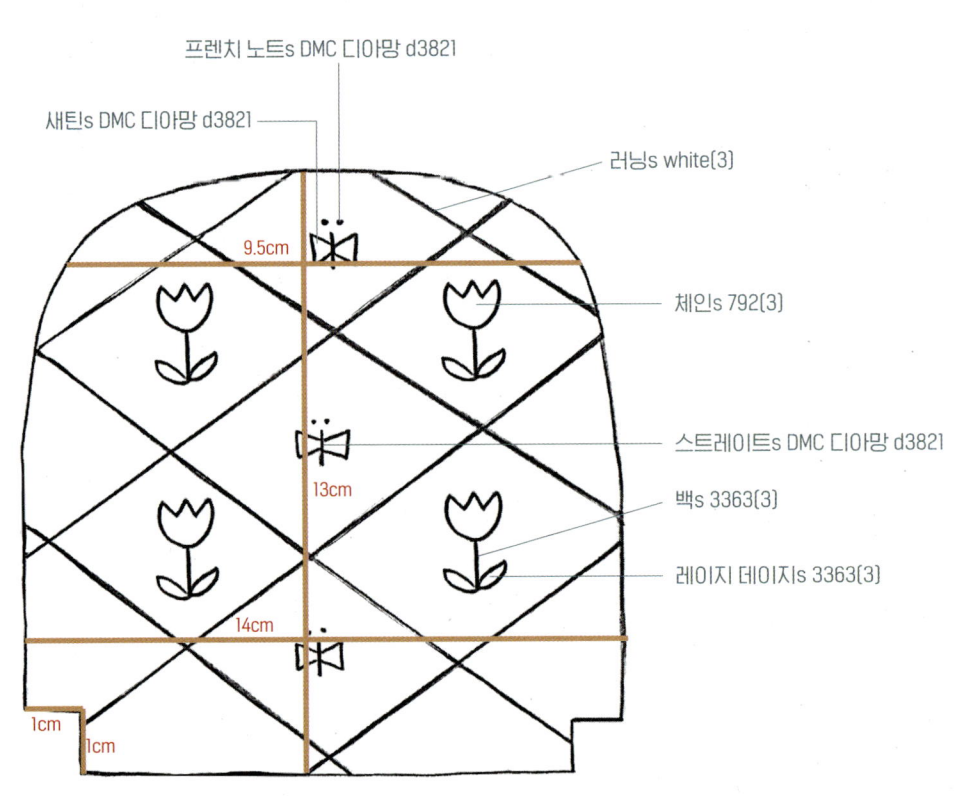

준비물

실
white
310
792
3363
DMC 디아망 d3821
애플톤 울사 987

사용한 스티치
새틴s
프렌치 노트s
스트레이트 s
러닝s
체인s
백s
레이지 데이지s
스플릿s
터키s

원단
워싱 면 20수(겉감, 안감)

부자재
12.5cm 프레임
니퍼
접착제
프레임 제작봉
(천을 끼워 넣을 수 있는 뾰족한 도구로 대체가능하다.)

만들기 순서

【앞면】

푸들
01 흰색 실을 사용해 스플릿s로 푸들 몸통과 다리, 꼬리, 얼굴을 수놓는다.
02 울사를 사용해 터키s로 푸들 털을 표현한다. 머리, 귀, 몸통의 상단 부분은 터키s를 다듬을 때 높이에 차이를 두어 각 부위가 구분될 수 있도록 한다.
03 310번을 사용해 프렌치 노트s로 눈과 코를 만든다.

꽃
01 체인s로 면을 채우며 꽃을 만든다.
02 3363번으로 백s를 하며 줄기를 만들고, 레이지 데이지s로 잎을 만든다.

나비
01 새틴s로 나비 양 날개를 수놓는다.
02 스트레이트s로 중앙 몸통을 만든다. 이때, 너무 얇게 표현되는 경우 같은 자리를 두 번 정도 스트레이트s를 해서 양감을 준다.
03 프렌치 노트s로 더듬이를 표현한다.

【뒷면】
01 흰색 실을 일정한 간격으로 러닝s를 한다.
02 앞면과 같이 꽃과 나비를 만든다.

유의할 점
DMC 디아망 d3821이 없다면, DMC 라이트 이펙트 e3821 한 가닥만 뽑아 사용해도 좋다.

마무리
part1 프레임 지갑으로 마무리하기 (40쪽)

Hand Embroidery 13

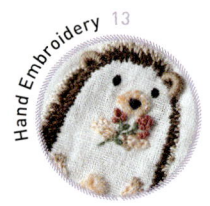

동물 책갈피

책 읽는 즐거움을 더해줄 친구들이 있습니다. 바로 고슴도치와 토끼 책갈피인데요. 누군가에게 선물하기도 너무 좋지만, 자신을 위해 예쁜 책갈피 하나 만들어보는 것은 어떨까요? 화려하지는 않지만 보면 볼수록 너무 귀여운 책갈피 덕분에 책 읽는 순간이 더 풍성해질 것입니다.

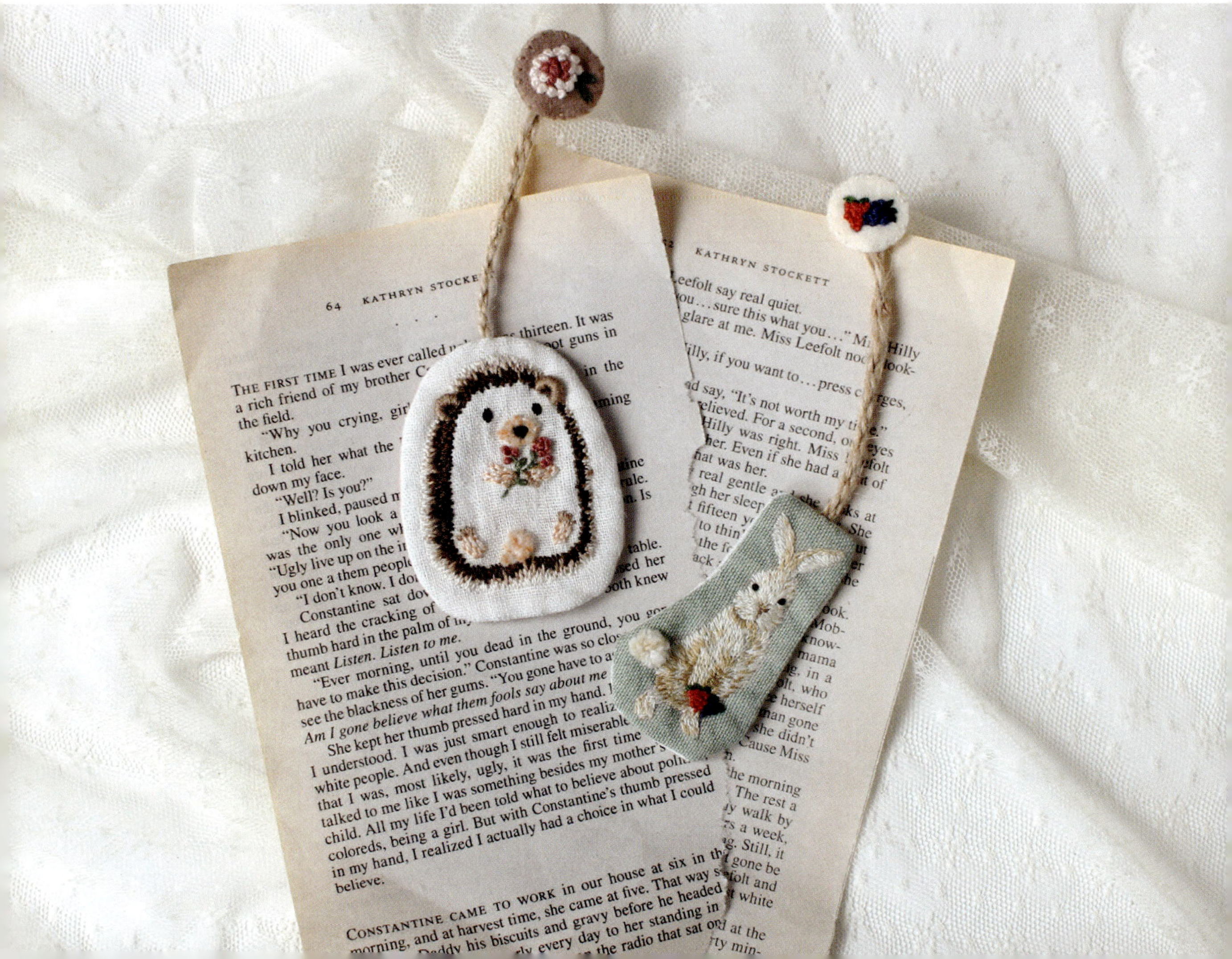

고슴도치

토끼

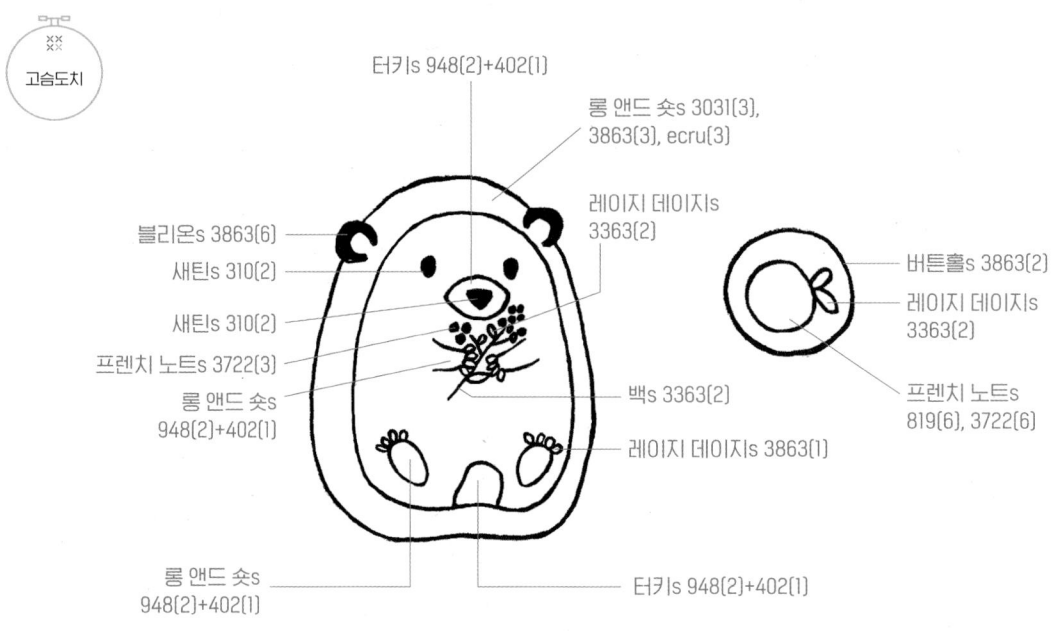

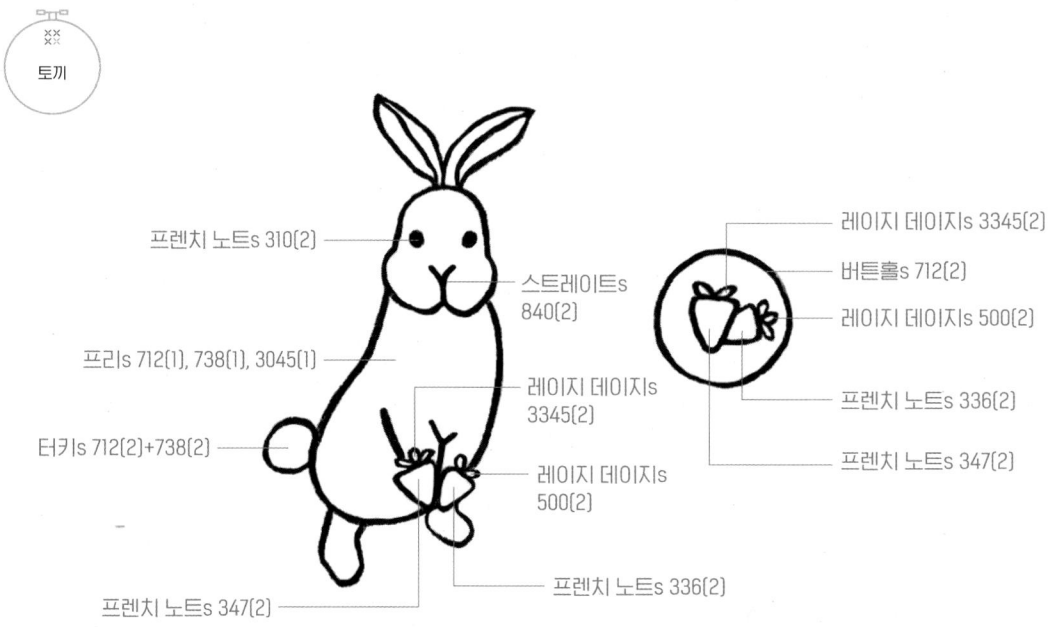

준비물

【 고슴도치 】

실
ecru
310
402
819
948
3031
3363
3722
3863

사용한 스티치
터키s
새틴s
롱 앤드 숏s
프렌치 노트s
버튼홀s
레이지 데이지s
블리온s
백s

【 토끼 】

실
310
336
347
500
712
738
840
3045
3345

사용한 스티치
프렌치 노트s
프리s
터키s
레이지 데이지s
스트레이트s
버튼홀s

원단
면 워싱원단 20수(각각 겉감 2장씩)

부자재
노끈
하드 펠트
글루건

만들기 순서

【 고슴도치 】

01 고슴도치 가시 부분을 네 칸으로 나눠서 첫 번째 칸과 두 번째 칸은 3031번으로 하고, 세 번째 칸은 3863번으로 그리고 마지막 칸은 ecru로 롱 앤드 숏s를 한다. 이때, 아직 수놓지 않은 귀 부분은 무시하고 채워가며 가시를 수놓는다.

02 완성된 가시 위에 블리온s로 바늘에 실을 약 12번 감아 곡선으로 휘는 귀를 만든다.

03 948번과 402번을 합사해 촘촘한 터키s로 코와 꼬리를 만든 후 가위로 다듬어 벨벳 같은 질감을 표현한다.

04 310번으로 새틴s로 코와 눈을 완성한다.

05 합사한 948번과 402번으로 발바닥과 팔을 롱 앤드 숏s를 한다. 이때, 메우고자 하는 면이 작으니 롱 앤드 숏s도 작은 땀으로 진행한다.

06 3363번으로 꽃줄기를 만들고 3722번으로 프렌치 노트s를 한다.

07 3863번 한 가닥으로 작은 레이지 데이지s를 만들어 발톱과 손톱을 표현한다.

【고슴도치 팬던트】

01 펠트 위에 원을 그린다. 3722번으로 안쪽을 만들고 819번으로 바깥쪽으로 채워가며 프렌치 노트s를 한다.

02 레이지 데이지s로 잎을 간단하게 만든다.

03 완성된 앞면 펠트 뒤에 글루건으로 노끈을 붙인 후 뒷면 펠트를 함께 잡고 버튼홀s로 두 펠트를 연결한다. part1 버튼홀s를 활용해 원단이나 펠트를 붙이는 방법 (53쪽)

【토끼】

01 712번과 738번 각각 한 가닥을 사용해 프리s로 토끼털을 표현한다. 이때, 전체적으로 계속 확인하면서 두 가지 색상의 실을 번갈아 가며 면을 채운다.

02 털 표현 중 가장 진한 색상인 3045번으로 토끼털 그림자 부분을 프리s한다. 만약, 가장 진한 색상 3045번과 가장 밝은 색상 712번이 나란히 놓여 어색하다면, 그사이에 중간 톤인 738번을 추가해 자연스럽게 토끼털 그림자와 하이라이트가 연결될 수 있도록 한다.

03 712번과 738번 두 가지 색상을 합사해 꼬리를 만든다.

04 검정 실로 눈을 프렌치 노트s를 하고, 입 부분을 스트레이트s로 간단하게 표현한다.

05 블루베리와 라즈베리를 프렌치 노트s와 레이지 데이지s로 완성한다.

【토끼 팬던트】

01 347번과 336번으로 열매를 만들고, 3345번과 500번으로 잎을 만든다.

02 완성된 앞면 펠트 뒤에 글루건으로 노끈을 붙인 후 뒷면 펠트를 함께 손으로 잡고 버튼홀s로 두 펠트를 연결한다. part1 버튼홀s를 활용해 원단이나 펠트를 붙이는 방법 (53쪽)

유의할 점

【고슴도치】
가시 부분을 롱 앤드 숏s로 표현할 때 기계적으로 일정한 길이의 짧은 땀과 긴 땀을 수놓는 것이 아니라 같은 짧은 땀끼리도 길이가 서로 다르게, 긴 땀끼리라도 길이가 서로 다르게 자유로운 롱 앤드 숏s를 한다. 즉 비교했을 때 상대적으로 긴 땀과 짧은 땀만 유지될 수 있도록 수놓는다.

【토끼】

01 프리s 할 때 전체적으로 그림자와 빛의 흐름이 어느 부분에 위치했는지 파악하여 결을 맞춰 면을 채우면 수놓기 더 쉽다.

02 토끼털을 프리s로 만들 때 롱 앤드 숏s처럼 길고 짧은 다양한 길이의 땀이 함께 놓일 수 있도록 한다.

마무리

01 완성된 자수 부분과 뒷면이 될 원단을 서로 맞닿게 두고 시접(약 1cm)을 남기고 머리 부분에 창구멍을 내며 박음질(백s)한다.

02 창구멍에 손을 넣어 원단을 뒤집는다.

03 팬던트와 연결해둔 노끈을 창구멍 속으로 넣어 소량의 글루건을 사용해 붙인다.

04 노끈과 함께 창구멍을 공그르기로 막는다.

회전목마 액자

파리 여행에서 가장 기억에 남는 것은 수없이 마주쳤던 회전목마입니다. 횡단보도 옆에 무심히 자리한 낡은 회전목마는 차가운 도시와 대비되며 많은 생각을 주었습니다. 자수 속 회전목마는 파스텔 톤의 동화적인 색감을 사용하였고, 반대로 원단은 올이 거친 리넨을 사용해 색감과 질감이 대비될 수 있도록 디자인하였습니다.

회전목마

준비물

실
white
152
310
743
745
838
840
959
964
3024
3041
3072
DMC 베리에이션 4215
DMC 디아망 d168

사용한 스티치
새틴s
아웃라인s
프렌치 노트s
체인s
휘프드 백s
터키s

원단
리넨 10수

부자재
원목 무늬 고무 수틀
하드 펠트(선택사항)

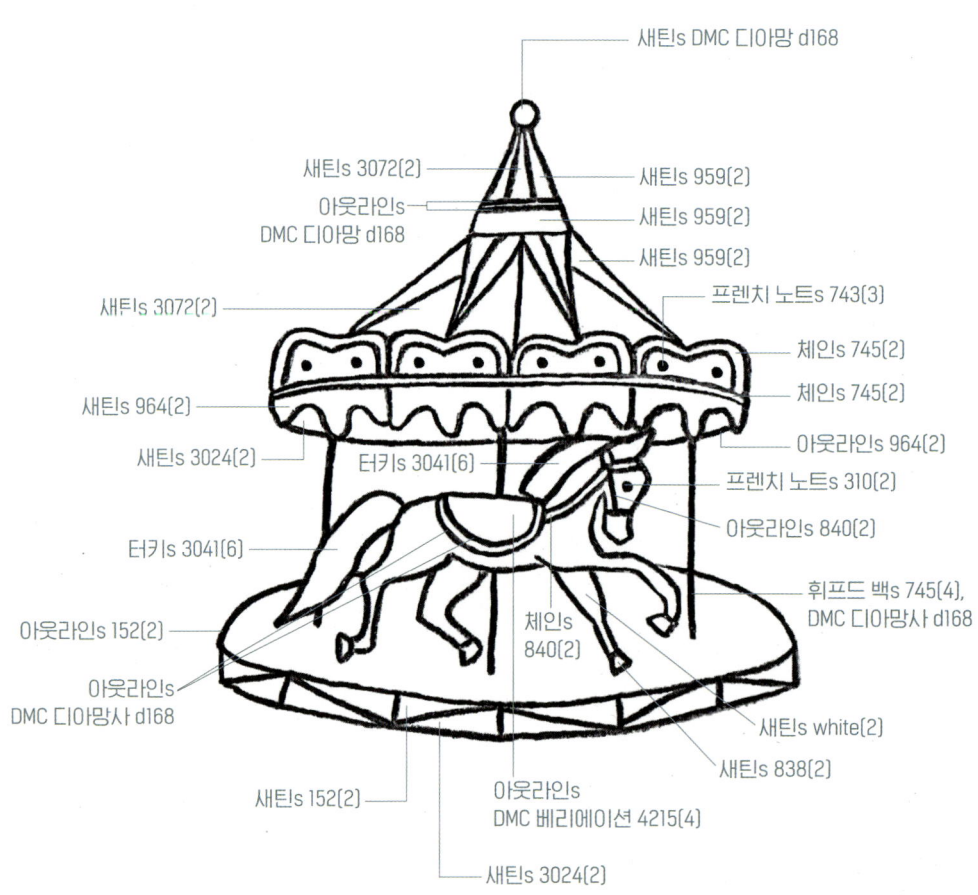

만들기 순서

01 말을 제외한 회전목마에 들어가는 모든 새틴s를 한다.

02 말을 제외한 모든 아웃라인s와 체인s를 수놓는다. 그리고 전구를 표현할 743번으로 프렌치 노트s를 한다.

03 회전목마 기둥은 먼저 745번을 사용해 백s를 한다. 그 후 은사를 사용해 휘프드를 하는데 이때, 너무 강하게 감지 말고 실을 살며시 얹는다는 느낌으로 양감을 살리며 백s를 감는다.

04 흰색 실로 말 몸을 새틴s를 한 후 말굽도 새틴s를 한다.

05 안장을 체인s와 아웃라인s로 수놓는다. 이때, 적은 면적을 수놓기에 작은 땀으로 수놓으며 섬세한 표현에 유의한다.

06 말 눈 부분을 프렌치 노트s를 한다.

07 3041번으로 터키s로 털을 만든다. 꼬리와 갈기 부분은 길고 풍성함이 핵심이기 때문에 가위로 조심스럽게 조금씩 잘라가며 모양을 만든다.

유의할 점

01 사용된 모든 새틴s는 결 표현이 중요하다. 결 방향을 펜으로 표시하고 수놓으면 더 쉽게 표현할 수 있다.

02 DMC 디아망 d168이 없으면, DMC 라이트 이펙트 e168 한 가닥만 뽑아 사용해도 좋다.

마무리

part1 수틀 자체로 마무리하기 (39쪽)

홍학 액자

평소 자수 원단으로는 잘 사용하지 않는 분홍색 벨벳 위에 홍학을 수놓아 보았습니다. 홍학의 모든 면을 매우지 않고 질감만 표현해도 원단이 주는 빛에 따른 변화 덕분에 인상적인 작품을 만들 수 있습니다. 불리온s와 프렌치 노트s가 서투른 분은 홍학 자수를 통해 두 가지 스티치를 연습하기에도 좋습니다.

× ×
　홍학
× ×

준비물

실
151
310
743
819
3041
3687
3712
3733
DMC 베리에이션 4210

사용한 스티치
프렌치 노트s
새틴s
스트레이트s
아웃라인s
블리온s
스플릿s

원단
신축성이 적은 벨벳

부자재
대나무 수틀
하드 펠트(선택사항)

프렌치 노트s 151(2), 3733(2), DMC 베리에이션 4210(3)

프렌치 노트s 151(2), 3733(2), DMC 베리에이션 4210(3)

스트레이트s 310(1)

새틴s 743(1)

새틴s 310(2)

블리온s 819(3), 151(3), 3733(3), 3041(3), DMC 베리에이션 4210(3)

블리온s 819(3), 151(3), 3733(3), DMC 베리에이션 4210(3)

아웃라인s 3687(2)

스플릿s 3712(2)

만들기 순서

01 3687번을 사용해 전체적으로 홍학에 아웃라인s를 한다.
02 다리 부분을 스플릿s를 한다.
03 부리는 새틴s로 수놓고, 눈은 아주 작은 스트레이트s로 표현한다.
04 작은 홍학에는 4가지 색상을 사용하고 큰 홍학에는 3041번이 추가된 5가지 색상을 사용해 블리온s를 한다.
05 3가지 색상 실을 사용해 머리 부분에 프렌치 노트s를 한다.

유의할 점

01 블리온s를 할 때 자유롭게 그 크기와 양을 표현하되, 홍학 꼬리 끝부분은 어두운 색감의 실로 시작해서 안쪽으로 들어갈수록 밝은 색의 블리온s가 더 많아질 수 있도록 표현한다.
02 프렌치 노트s 할 때 부리와 가까운 쪽은 DMC 베리에이션 4210번 비율이 많게 하고 멀어질수록 밝은색인 151번이 많아지게 표현한다.

마무리

part1 수틀 자체로 마무리하기 (39쪽)

유니콘 핀쿠션

수를 놓을 때 많이 사용하는 도구 중 하나인 핀쿠션에 아름다운 유니콘 자수를 새겨 손수 핀쿠션을 만들어 보면 어떨까요? 자수하는 즐거움을 배로 높여줄 예쁜 친구가 될 것입니다.

×× 유니콘 ××

준비물

실
3371
3727
DMC 베리에이션 4523
DMC 디아망 d168
DMC 5번사 223(태슬용)

사용한 스티치
아웃라인s
백s
스트레이트s
블리온s
피스틸s
프렌치 노트s
새틴s

원단
화이트 리넨 20수(앞면)
벨벳(뒷면)

부자재
스팽글
방울솜

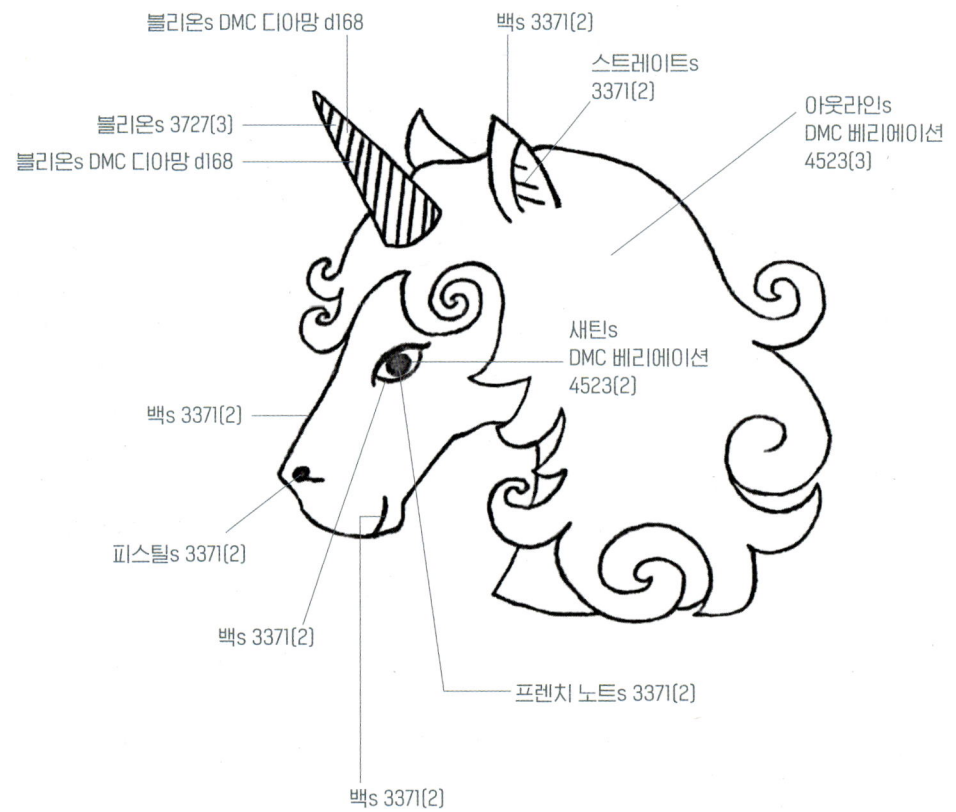

시접이 포함되어 있지 않은 도안입니다.
원단을 자를 때 시접(약 1cm)을 포함해서 재단해주세요.

만들기 순서

01 베리에이션 실을 사용해 머리카락 부분을 아웃라인s로 면을 채운다.
02 3371번으로 백s, 스트레이트s, 피스틸s를 하며 유니콘 외곽선을 만든다.
03 베리에이션 실로 눈을 새틴s 하고, 그 중심은 3371번으로 프렌치 노트s를 한다.
04 뿔 부분은 3727번과 메탈사를 번갈아 사용하여 블리온s를 한다.
05 완성된 머리카락 위에 자유롭게 스팽글을 놓고 DMC 디아망 d168로 고정한다.

유의할 점

01 아웃라인s로 머리카락을 표현할 때 완성된 사진을 참고해서 결 표현에 유의하며 수놓는다.
02 DMC 디아망 d168이 없으면, DMC 라이트 이펙트 e168 한 가닥만 뽑아 사용해도 좋다.

마무리

01 외관에서 보일 앞면과 뒷면을 서로 맞닿게 한 후 시접(약 1cm)에 창구멍을 남기고 박음질(백s)로 꿰맨다.
02 창구멍에 손을 넣어 원단을 뒤집고 모양을 잡는다.
03 창구멍에 바늘을 넣어 원하는 위치에 태슬을 단다.
04 창구멍 속으로 방울솜을 채워 넣는다.
05 공그르기로 창구멍을 막는다.

1 길이 5cm 두꺼운 종이에 실을 감는다.

2 감은 실과 같은 실을 약 15cm 정도 잘라 준비한다.

3 준비한 실로 감은 실 윗부분을 묶고 종이를 제거한다.

4 실을 약 10cm 정도 잘라 태슬 1/3 지점을 묶는다.

5 묶은 실 끝에 바늘을 꿰어 묶은 지점을 통과하여 넣는다. 반대쪽 실 끝도 같은 방법으로 넣는다.

6 원하는 길이로 태슬을 다듬어 완성한다.

강아지 브로치

다양한 색상의 실을 사용해 강아지 털을 사실적으로 묘사한 작품입니다. 처음에는 어렵다고 느낄 수 있지만, 막상 도전해보면 오히려 정해진 기법 없이 색을 칠하는 기분으로 오로지 명암과 결 표현에만 초점을 맞추기에 더 자유롭고 즐겁게 수놓을 수 있습니다.

강아지 브로치

준비물

실
ecru
310
422
433
712
844
3064
3863
애플톤 울사 302
애플톤 울사 305
애플톤 울사 972

사용한 스티치
프리s

원단
리넨 20수

부자재
하드 펠트
비즈

프리s 3064(2), 3863(3), 애플톤 울사 302, 애플톤 울사 972

프리s 712(2), 422(2), 3064(2), 3863(3), 433(2), 애플톤 울사 302, 애플톤 울사305, 애플톤 울사 972

프리s 433(2)

프리s 712(2), 844(2), 310(2)

프리s 712(2), 433(2), 844(2), 310(2)

화살표는 털 질감 방향표시입니다.

만들기 순서

01 도안에 표시된 털 방향에 맞게 강아지 얼굴 중심 부분에 8가지 색상 실을 번갈아 가며 프리s를 한다. 도톰한 양감을 주기 위해 부분적으로 귀, 코 주변, 눈 주변 등 이미 수놓은 곳 위를 덮어가며 수놓아도 무관하다. 그 중 울사의 경우 초반부터 사용하지 말고 80% 정도 일반 면사로 면을 채운 후 나머지 부분을 채우는 식으로 사용해 울사 질감이 겉에서 보일 수 있도록 한다.

02 강아지 얼굴 외곽 부분은 도안에 표시된 4가지 색상의 실을 한 가닥만 사용해 세밀하게 표현한다.

03 눈과 코는 전체적으로 310번으로 90% 완성하고, 빛이 닿는 하이라이트 부분만 나머지 색상 실을 사용해 표현한다. 강아지 눈꺼풀은 433번 두 가닥으로 표현한다.

유의할 점

프리s로 질감을 표현할 때 결 표현에도 유의하지만, 땀의 길이가 일정하지 않게 길고 짧은 땀을 고르게 배치하는 것도 유의한다.

마무리

01 완성된 자수에 0.5cm를 띄고 원단을 자른다.

02 ecru 두 가닥을 준비해 자수가 새겨진 원단과 펠트를 함께 버튼홀s로 고정한다. 이때, 하나의 버튼홀s에서 다음 버튼홀s로 넘어갈 때 바늘에 비즈를 꿰고 다음 버튼홀s로 넘어간다. 외곽선을 한 바퀴 다 감싼 후 처음 꿰었던 비즈를 한 번 더 통과하고 마무리한다.

비즈를 달아 블랭킷s로 마무리 하는 방법

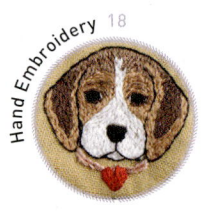

강아지 이어폰 정리개

간단하게 만들 수 있는 강아지 이어폰 정리개입니다. 귀여운 표정의 시바와 보송보송 만지고 싶은 비숑 그리고 순수한 모습의 비글까지 디테일이 살아있는 자수입니다. 가방 속 정리되지 않는 이어폰 줄을 깔끔하게 정리해줄 귀여운 강아지들을 만들어보세요.

비글 · 비숑 · 시바

준비물

【 시바 】
실
ecru
310
434
436
3328
3777
3790
3819
DMC 디아망 d168

사용한 스티치
스트레이트s
프리s
새틴s
아웃라인s
스플릿s
프렌치 노트s
백s

【 비글 】
실
310
436
758
817
839
3862
3865

사용한 스티치
아웃라인s
프리s
백s
스트레이트s
새틴s

【 비숑 】
실
310
739
3722
애플톤 울사 991B

사용한 스티치
터키s
새틴s
아웃라인s

원단
리넨 20수(겉감, 안감)

부자재
똑딱이 단추

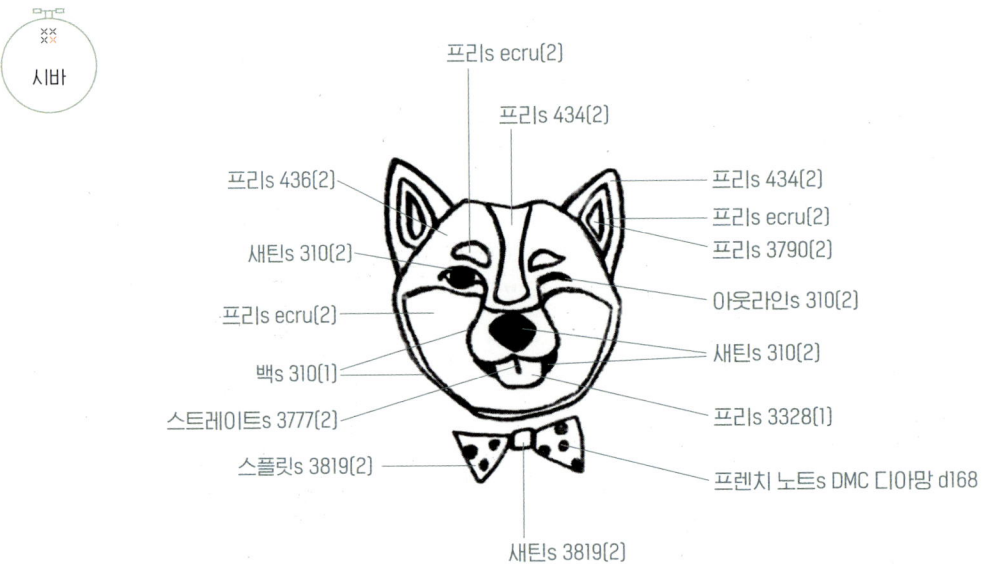

시바

프리s ecru(2)
프리s 434(2)
프리s 436(2)
프리s 434(2)
새틴s 310(2)
프리s ecru(2)
프리s 3790(2)
프리s ecru(2)
아웃라인s 310(2)
백s 310(1)
새틴s 310(2)
스트레이트s 3777(2)
프리s 3328(1)
스플릿s 3819(2)
프렌치 노트s DMC 디아망 d168
새틴s 3819(2)

비글

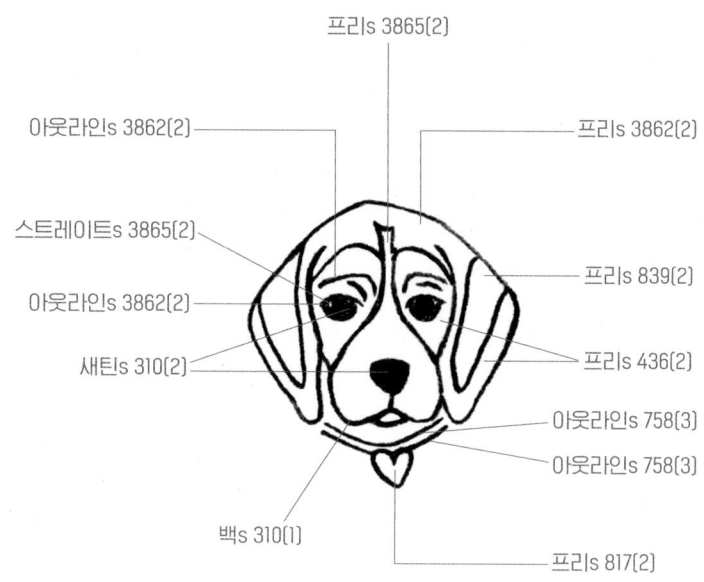

- 프리s 3865(2)
- 아웃라인s 3862(2)
- 프리s 3862(2)
- 스트레이트s 3865(2)
- 아웃라인s 3862(2)
- 프리s 839(2)
- 새틴s 310(2)
- 프리s 436(2)
- 아웃라인s 758(3)
- 아웃라인s 758(3)
- 백s 310(1)
- 프리s 817(2)

비숑

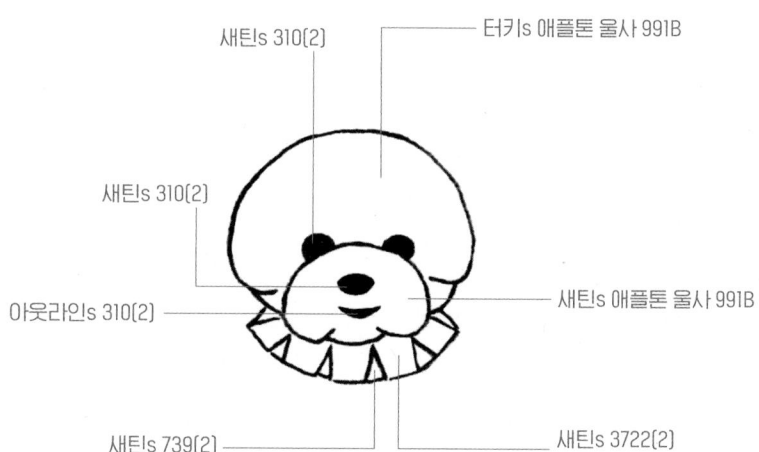

- 새틴s 310(2)
- 터키s 애플톤 울사 991B
- 새틴s 310(2)
- 아웃라인s 310(2)
- 새틴s 애플톤 울사 991B
- 새틴s 739(2)
- 새틴s 3722(2)

비숑 자수 라이브 방송 1편

비숑 자수 라이브 방송 2편

만들기 순서

【시바, 비글】

01 프리s로 얼굴의 모든 털을 표현한다. 다만 두 견종은 털이 짧기 때문에 프리s로 면을 채울 때 땀 크기를 작게 한다.

02 새틴s와 스트레이트s로 눈과 코를 만들고, 비글은 3862번으로 아웃라인s를 해 눈꺼풀과 눈썹을 표현한다. 시바는 310번 한 가닥으로 코에서부터 눈매가 연결되도록 백s를 한다. 두 가닥으로 윙크하는 오른쪽 눈을 표현한다.

03 시바 혀를 프리s와 스트레이트s로 수놓는다. 음영 부분은 310번으로 새틴s를 한다.

04 완성된 두 강아지 얼굴 윤곽은 310번 한 가닥으로 백s를 하여 뚜렷하게 강조한다.

05 각각에 맞는 하트 목걸이와 리본을 수놓는다.

【비숑】

01 애플톤 울사를 사용해 입 주변을 새틴s로 수놓는다.

02 310번으로 눈, 코, 입을 만든다.

03 애플톤 울사로 머리 부분을 터키s한 후 동그란 입체가 될 수 있도록 조각하듯 가위로 털을 다듬으며 모양을 만든다.

04 턱받이를 새틴s로 수놓는다.

유의할 점

01 짧은 땀으로 프리s를 할 때 털 질감을 잘 살려가면서 전체적으로 하나의 일정한 결이 표현될 수 있도록 한다.

02 DMC 디아망 d168이 없으면, DMC 라이트 이펙트 e168 한 가닥만 뽑아 사용해도 좋다.

마무리

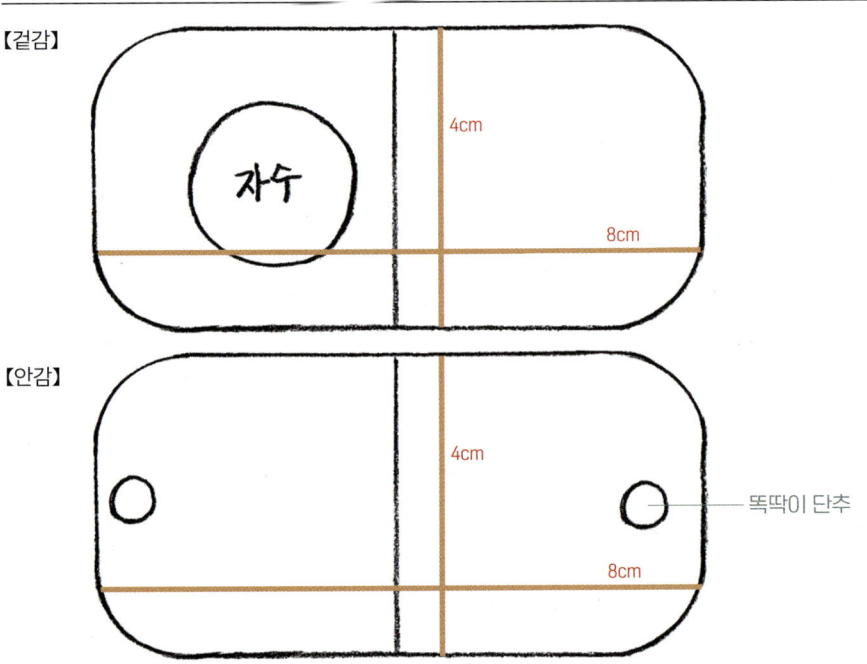

 시접이 포함되어 있지 않은 도안입니다. 원단을 자를 때 시접(약 1cm)을 포함해서 재단해주세요.

01 시접 1cm를 포함해서 자른 도안으로 겉감과 안감을 총 2장 준비한다.
02 안감에 똑딱이 단추를 단다.
03 겉감과 안감이 보일 부분을 서로 맞닿게 놓고 약 2.5cm가량 창구멍을 남기고 경계선을 박음질(백s)한다.
04 창구멍에 손을 넣어 원단을 뒤집는다.
05 창구멍을 공그르기로 막는다.

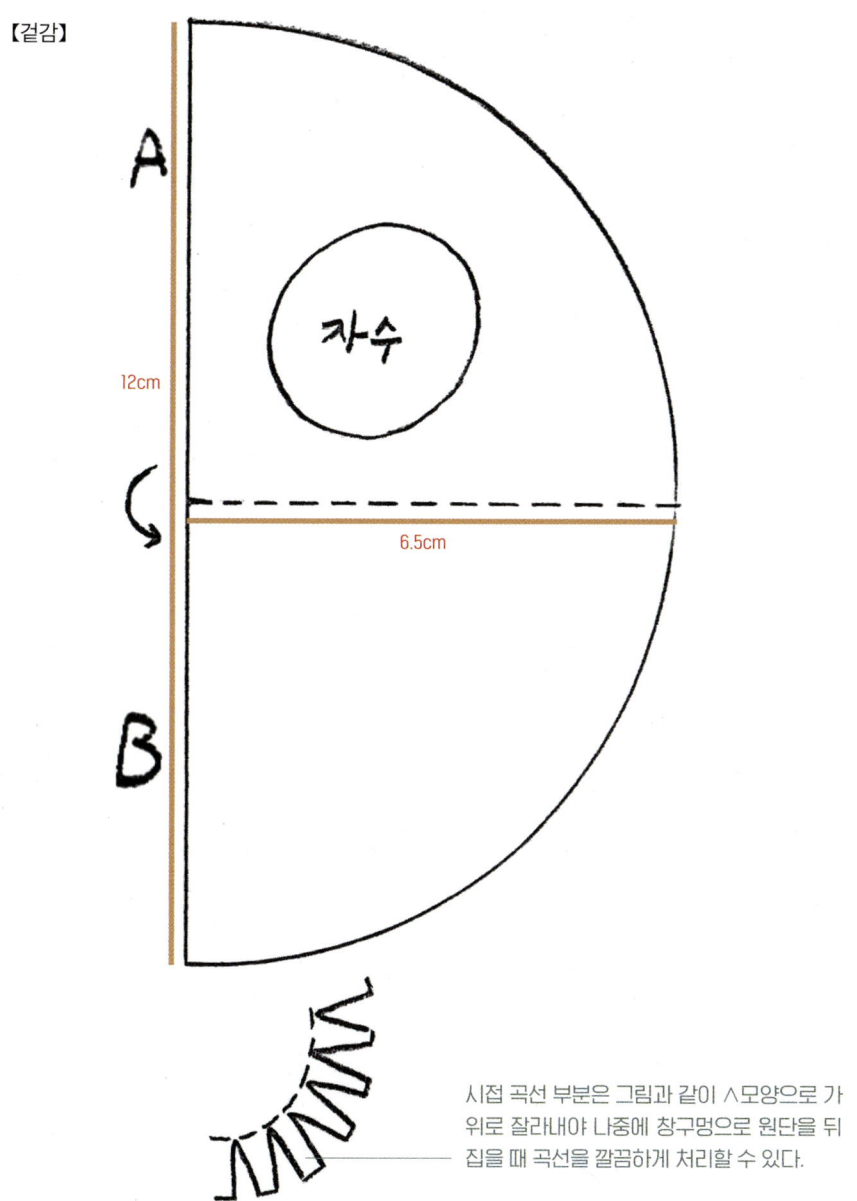

시접 곡선 부분은 그림과 같이 ∧모양으로 가위로 잘라내야 나중에 창구멍으로 원단을 뒤집을 때 곡선을 깔끔하게 처리할 수 있다.

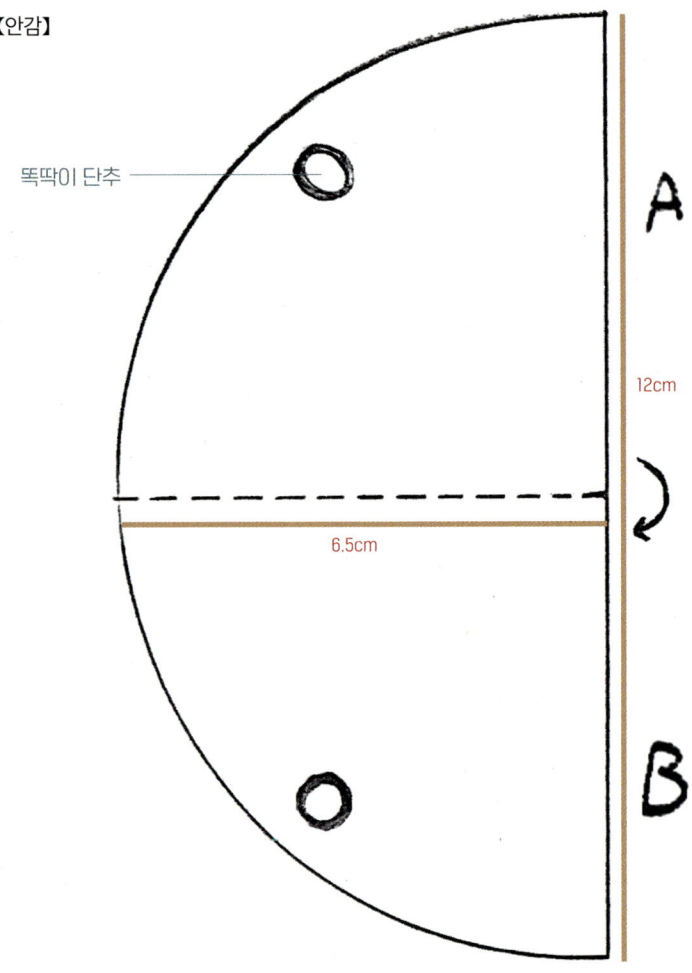

01 시접 1cm를 포함해서 자른 도안으로 겉감과 안감을 총 2장 준비한다.
02 안감에 똑딱이 단추를 단다.
03 겉감과 안감이 보일 부분을 서로 맞닿게 놓고 약 3cm가량 창구멍을 남기고 경계선을 박음질(백s)한다.
04 창구멍에 손을 넣어 원단을 뒤집는다.
05 창구멍을 공그르기로 막는다.
06 완성된 반달 모양의 원단을 A와 B가 맞닿게 접은 후 그 부분을 공그르기로 연결한다.

파랑새 모빌

✗✗
✗✗

하드 펠트 위에
간단한 파랑새와
나무 모티브를 수놓아
모빌을 만들었습니다.

나뭇가지에 완성된 모티브를 연결하면
숲속에서 새가 놀고 있는 듯 하나의
이야기가 완성됩니다.
빛이 잘 드는 공간에 모빌을 설치하면
자수 그림자가 벽이나 바닥에 투과되어
또 다른 감상을 제공합니다.

×× 파랑새 ××

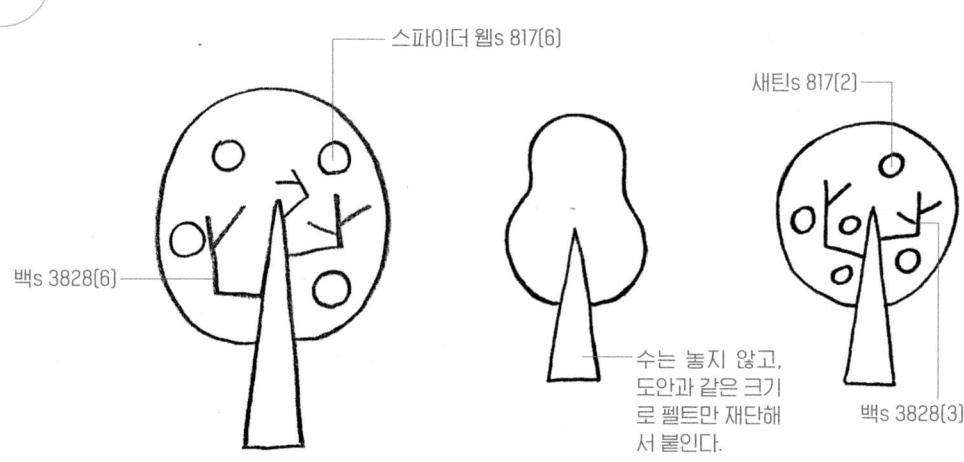

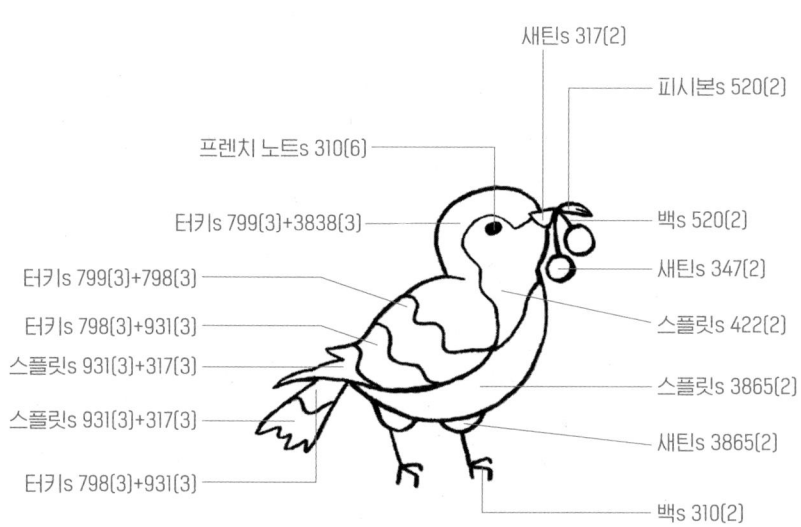

준비물

【 나무 】

실
817
3828

사용한 스티치
백s
스파이더 s
새틴s

【 파랑새 】

실
310
317
347
422
520
798
799
931
3838
3865

사용한 스티치
프렌치 노트s
새틴s
피시본s
백s
스플릿s
터키s

원단
하드 펠트 앞면(흰색, 갈색, 초록색)
하드 펠트 뒷면(주황색, 노란색, 파란색)

부자재
낚싯줄
글루건
나뭇가지

만들기 순서

【파랑새】

01 흰색 펠트 위에 파랑새 몸통을 수놓는다. 깃털 부분은 푸른색 실 세 가닥씩 합사해 총 여섯 가닥으로 각 부위에 맞게 터키s를 한다. 마지막 꼬리는 스플릿s를 한다.
02 310번을 사용해 다리를 백s로 수놓는다.
03 눈은 프렌치 노트s를 하고 부리는 새틴s를 한다.
04 열매를 수놓는다.

【나무】

01 도안과 같은 크기로 재단한 나뭇잎 초록색과 기둥인 갈색 펠트를 글루건으로 붙인다.
02 817번으로 스파이더 웹s와 새틴s를 하고, 3828번으로 가지를 표현한다.
03 완성된 나무를 뒷면 펠트 색상을 골라 글루건으로 붙이고, 두 펠트 사이에 낚싯줄을 넣어 함께 접합한다.
04 앞에서 뒷면 펠트가 보였으면 하는 만큼만 남기고 가위로 자른다.

유의할 점

01 하드 펠트는 그 자체로 힘이 있기 때문에 수틀을 끼지 않고도 작업이 가능하다.
02 터키s로 새 깃털을 만들고 재단할 때 일정한 길이의 평평한 모양으로 자르지 말고 둥글게 입체감을 살리며 다듬는다.

마무리

01 수놓은 파랑새를 약 2mm 정도 여분을 두고 가위로 자른다.
02 자른 앞면을 파란색 펠트에 글루건으로 붙이고, 두 펠트 사이에 낚싯줄을 넣어 함께 접합한다.
03 완성한 파랑새와 나무 높낮이를 달리해 리듬감 있게 나뭇가지에 묶는다.

맛있는 음식과 신선한 과일을 작은 크기로 수놓았습니다. 간단하게 마무리할 수 있는 마그넷부터 키링, 컵홀더, 프레임 미니 백, 귀걸이까지 맛있는 디자인을 일상 가까이에 활용해보세요. 만드는 순간에도 무척 즐겁고 완성된 자수도 너무나 귀엽습니다.

HAND EMBROIDERY

맛있는 음식과 과일 자수

Hand Embroidery 20

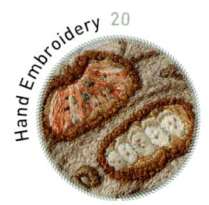

브런치 세트

달걀이 올라간 맛있는 아보카도 토스트와 에스프레소 그리고 신선한 연어와 바나나를 올린 브루스케타와 핫초코는 웃음 섞인 대화가 들리는 듯 건강하고 맛있는 브런치입니다.

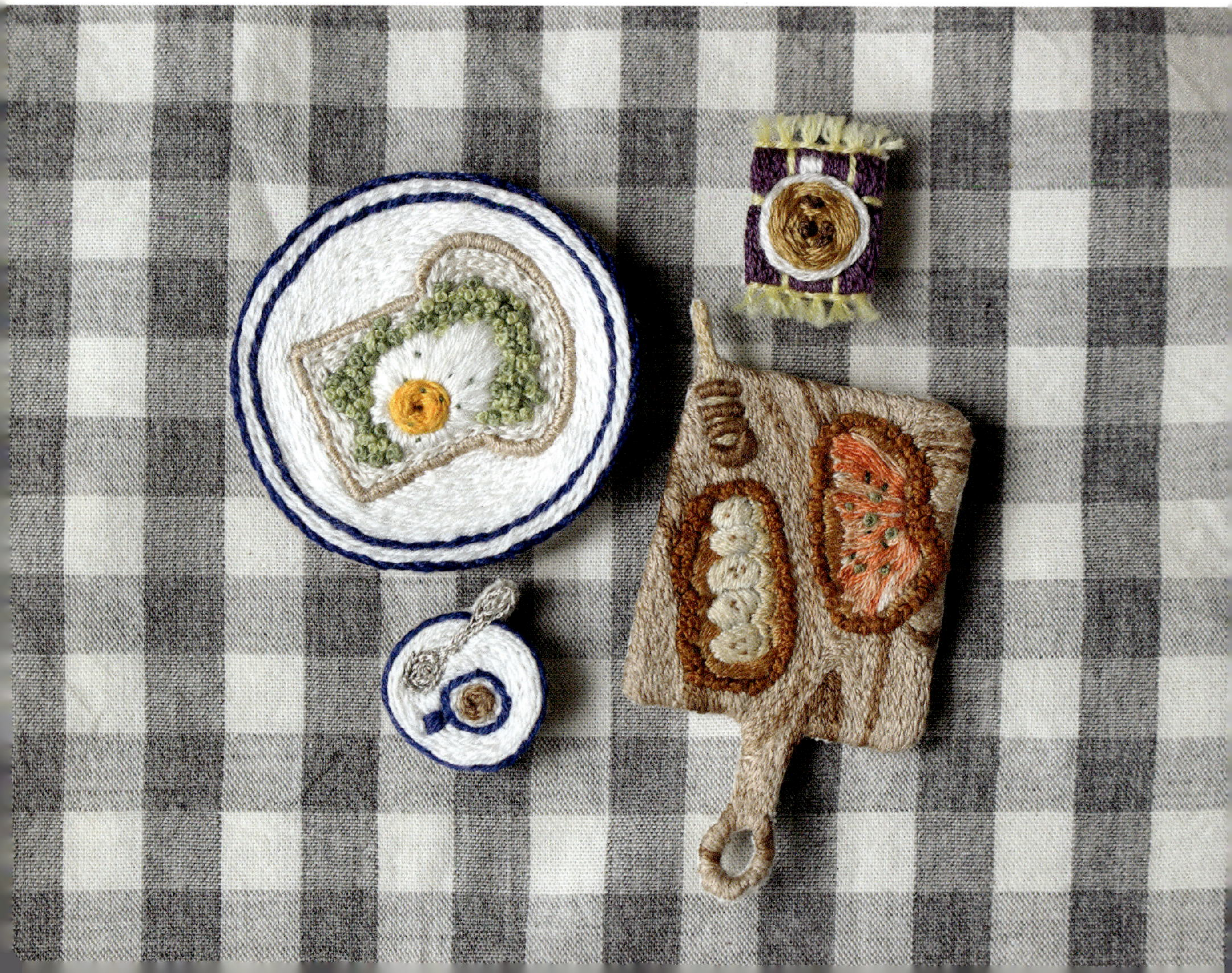

×××
× 아보카도 토스트

브루스케타
××

준비물

【 아보카도 토스트 】

실

white
520
796
972
3052
3348
3864
3866

사용한 스티치

체인s
오버 캐스트s
스트레이트s
새틴s
스파이더 웹s
프렌치 노트s
아웃라인s

【 브루스케타 】

실

434
436
712
738
739
895
3052
3771
3862
3863
3864
3883

사용한 스티치

새틴s
프렌치 노트s
스트레이트s
스플릿s
블리온s
아웃라인s

【 핫초코 】

실

white
327
727
3828
3882

사용한 스티치

새틴s
아웃라인s
스플릿s
프렌치 노트s
스파이더 웹s
스트레이트s
터키s

【 에스프레소 】

실

white
796
3862
DMC 디아망 d168

사용한 스티치

아웃라인s
스파이더 웹s
아웃라인s
새틴s

원단

광목 20수

부자재

하드 펠트
자석
글루건

핫초코

에스프레소

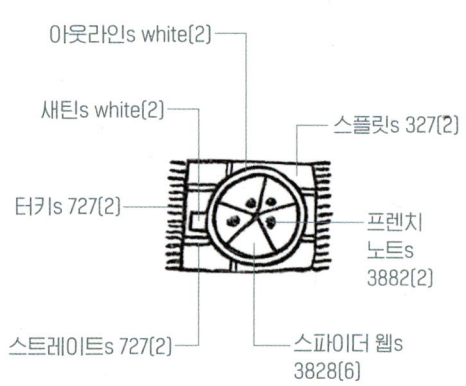

아웃라인s white(2)
새틴s white(2)
터키s 727(2)
스트레이트s 727(2)
스플릿s 327(2)
프렌치 노트s 3882(2)
스파이더 웹s 3828(6)

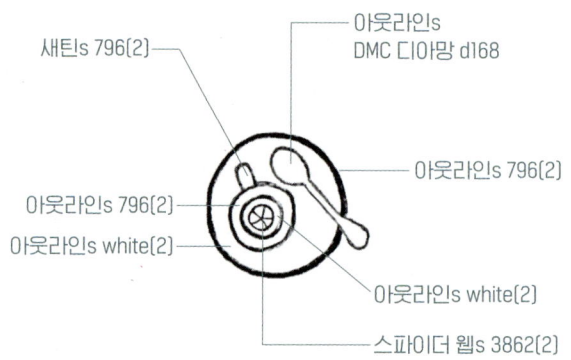

새틴s 796(2)
아웃라인s 796(2)
아웃라인s white(2)
아웃라인s DMC 디아망 d168
아웃라인s 796(2)
아웃라인s white(2)
스파이더 웹s 3862(2)

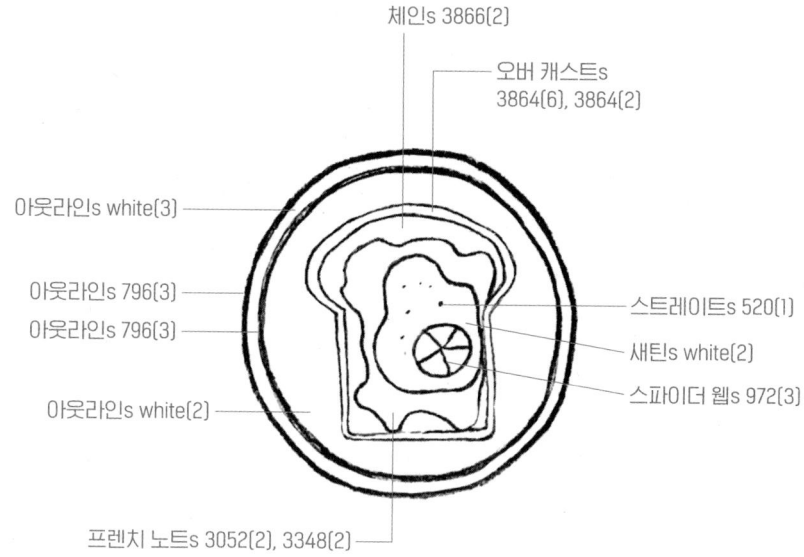

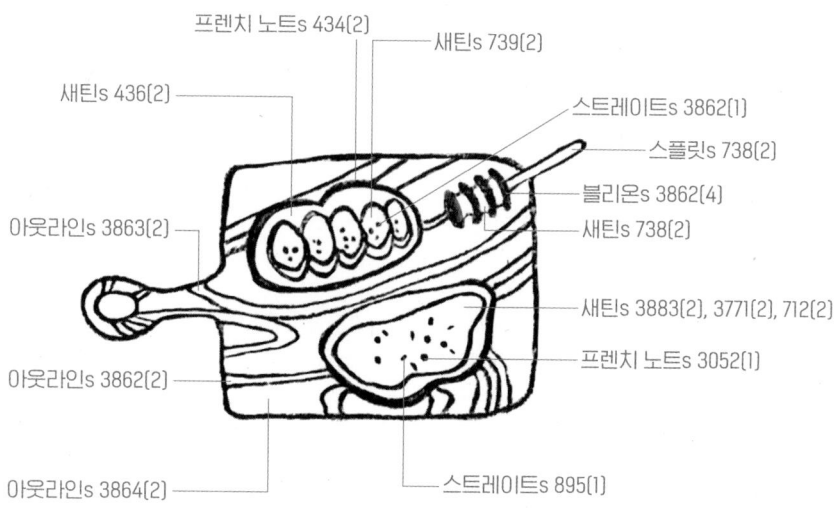
 시접이 포함되어 있지 않은 도안입니다.
원단을 자를 때 시접(약 1cm)을 포함해서 재단해주세요.

만들기 순서

【아보카도 토스트】
01 접시를 아웃라인s로 수놓는다.
02 토스트 외곽선을 3864번 여섯 가닥으로 백s를 해서 테두리를 만들고, 두 가닥으로 만들어둔 백s를 덮으며 오버 캐스트s를 한다.
03 빵 안쪽 부분을 촘촘하게 체인s로 수놓는다.
04 아보카도 알갱이는 두 가지 색상의 초록색을 번갈아 사용하여 촘촘하게 프렌치 노트s로 수놓는다.
05 새틴s로 달걀흰자를 만들고, 스파이더 웹s로 노른자를 만든다.
06 말린 파슬리는 작게 520번으로 스트레이트s를 한다.

【브루스케타】
01 3864번, 3863번, 3862번으로 사진과 도안을 참고하여 도마의 결을 표현한다. 촘촘한 아웃라인s 일수록 더 섬세한 질감이 표현되니 가능한 촘촘하게 수놓는다.
02 빵 외곽선을 프렌치 노트s와 새틴s로 수놓는다.
03 바나나는 새틴s를 하고 짧은 스트레이트s로 중심선을 표현한다. 이때, 서로 맞닿은 바나나는 윗면의 결이 겹치지 않고 서로 반대가 되도록 새틴s를 한다.
04 연어는 3883번, 3771번, 712번을 번갈아 사용하며 새틴s를 한다. 세 가지 실을 모두 각각의 바늘에 꿰서 준비해두고 수놓으면 더 편리하다.
05 연어 위에 프렌치 노트s와 짧은 스트레이트s를 한다.
06 새틴s와 스플릿s로 허니디퍼를 수놓고, 블리온s로 오돌토돌한 질감을 표현한다.

【핫초코】
01 327번으로 스플릿s를 하여 면을 채운다.
02 727번으로 스트레이트s를 해서 티코스터 체크무늬를 만들고, 터키s로 태슬을 만든다.
03 잔 표현은 아웃라인s와 새틴s로 한다.
04 스파이더 웹s로 핫초코를 수놓고, 프렌치 노트s로 초코 알갱이를 표현한다.

【에스프레소】
01 커피잔은 작은 원을 채워야 하기에 땀 간격을 촘촘하게 아웃라인s로 수놓는다.
02 796번으로 잔을 수놓고, white로 잔 안쪽을 아웃라인s로 한 바퀴 둘린다.
03 스파이더 웹s로 커피를 표현한다.
04 메탈사를 사용해 촘촘한 아웃라인s로 수저를 만든다.

유의할 점
MC 디아망 d168이 없으면, DMC 라이트 이펙트 e168 한 가닥만 뽑아 사용해도 좋다.

마무리
part1 마그넷 혹은 브로치로 마무리하기 (43쪽)

Hand Embroidery 21

런치 세트

※※
※※

날 좋은 점심에 사랑하는 이와 함께 하고 싶은 이탈리아 런치 세트입니다. 새우 크림 파스타와 라임 모히토 그리고 페퍼로니 피자와 콜라는 맛있는 점심 세트 마그넷으로 재탄생했습니다.

※ 페퍼로니 피자

※ 새우 크림 파스타

준비물

【 콜라 】

실
white
779
817
DMC 디아망 d168

사용한 스티치
백s
롱 앤드 숏s
스트레이트s
새틴s

【 페퍼로니 피자 】

실
ecru
310
347
351
701
726
842
898
3855
애플톤 울사 475
애플톤 울사 472

사용한 스티치
브르통s
백s
프리s
코럴s
스트레이트s
롱 앤드 숏s
블리온s
스트레이트s
프렌치 노트s
아웃라인s

원단
광목 20수

부자재
하드 펠트
자석
글루건
꽃철사
만능본드
비즈

콜라

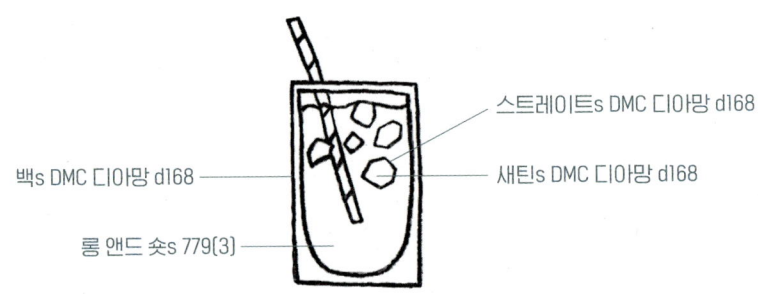

페퍼로니 피자

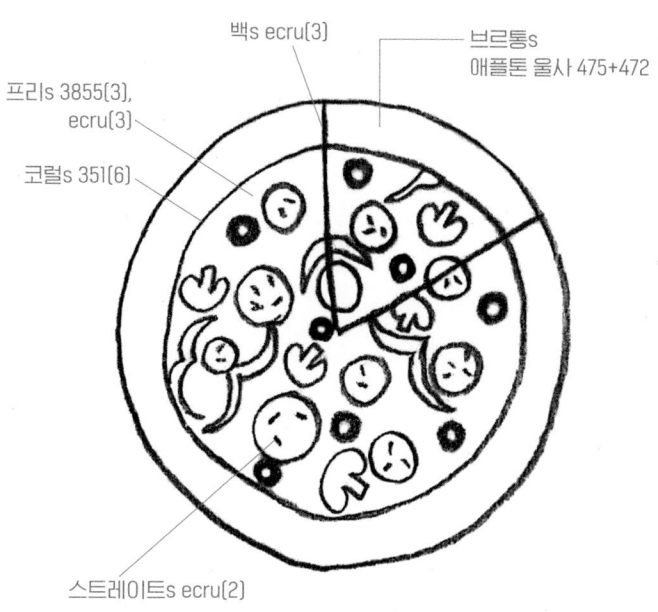

백s ecru(3)
브르통s 애플톤 울사 475+472
프리s 3855(3), ecru(3)
코럴s 351(6)
스트레이트s ecru(2)

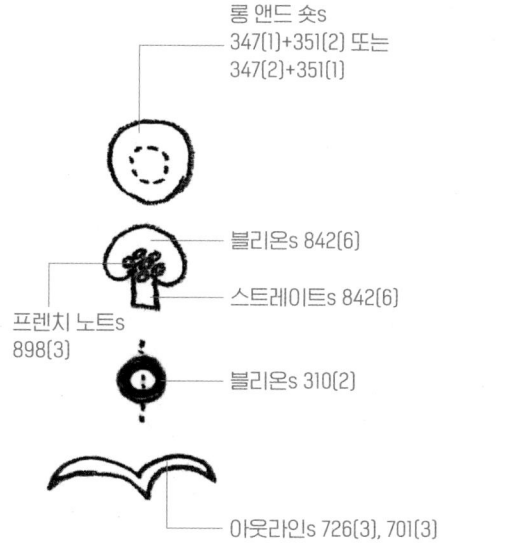

롱 앤드 숏s
347(1)+351(2) 또는
347(2)+351(1)

블리온s 842(6)
스트레이트s 842(6)
프렌치 노트s 898(3)
블리온s 310(2)
아웃라인s 726(3), 701(3)

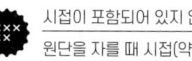
시접이 포함되어 있지 않은 도안입니다.
원단을 자를 때 시접(약 1cm)을 포함해서 재단해주세요.

준비물

【 라임 모히토 】

실
746
907
987
DMC 디아망 d168

사용한 스티치
우븐 피콧s
새틴s
오버 캐스트s
스트레이트s
피시본s
블리온s
백s
새틴s

【 새우 크림 파스타 】

실
ecru
842
890
898
948
3053
3362
3825
3883
DMC 디아망 d168
DMC 디아망 d3821

사용한 스티치
스트레이트s
블리온s
카우칭s
프렌치 노트s
우븐 피콧s
백s
체인s

원단
광목 20수

부자재
시침핀
하드 펠트
자석
글루건
만능본드

라임 모히토

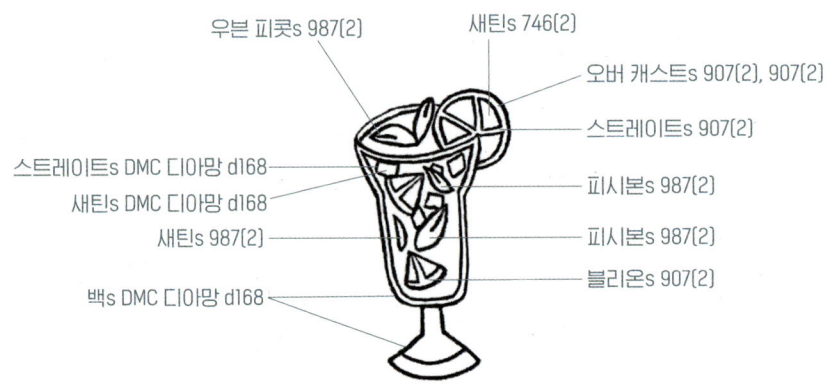

우븐 피콧s 987(2)
새틴s 746(2)
오버 캐스트s 907(2), 907(2)
스트레이트s 907(2)
스트레이트s DMC 디아망 d168
새틴s DMC 디아망 d168
피시본s 987(2)
새틴s 987(2)
피시본s 987(2)
백s DMC 디아망 d168
블리온s 907(2)

새우 크림
파스타

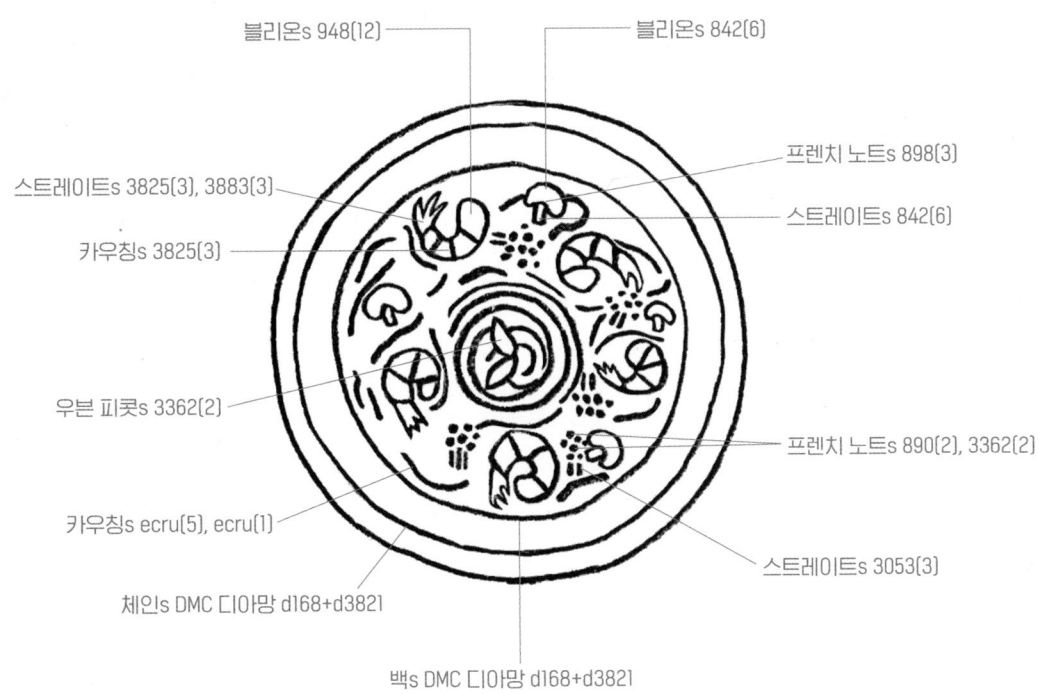

블리온s 948(12)　블리온s 842(6)

프렌치 노트s 898(3)

스트레이트s 3825(3), 3883(3)

스트레이트s 842(6)

카우칭s 3825(3)

우븐 피콧s 3362(2)

프렌치 노트s 890(2), 3362(2)

카우칭s ecru(5), ecru(1)

스트레이트s 3053(3)

체인s DMC 디아망 d168+d3821

백s DMC 디아망 d168+d3821

 새우 크림 파스타 자수 1편　 새우 크림 파스타 자수 2편

 시접이 포함되어 있지 않은 도안입니다.
원단을 자를 때 시접(약 1cm)을 포함해서 재단해주세요.

만들기 순서

【새우 크림 파스타】

01 ecru 다섯 가닥으로 면의 위치를 잡고, 한 가닥으로 카우칭s 하면서 면발 곡선을 표현한다.

02 새우 몸통은 948번 총 12가닥으로 바늘귀가 큰 셔닐 바늘이나 크루엘 3호 자수바늘에 꿰어서 블리온s를 한다. 이때, 바늘에 감은 실이 잘 빠지지 않을 경우 니퍼를 사용해 바늘을 잡아당긴다.

03 완성된 새우를 3825번으로 세 번 고정하며 카우칭s를 한다.

04 새우 꼬리 부분을 3825번으로 앞서 만든 새우 몸통 끝에서 나와 원단으로 들어가며 스트레이트s를 한다. 진한 색 3883번을 사용해 끝부분을 마저 더 스트레이트s를 한다.

05 버섯은 페퍼로니 피자에서 만든 버섯과 같은 방법으로 수놓는다.

06 브로콜리 몸통을 스트레이트s로 만들고, 두 가지 색상 실을 사용해 프렌치 노트s로 머리를 만든다.

07 바질 잎은 시침핀을 사용해 우븐 피콧s로 만든 후, 890번과 3362번을 각각 한 가닥씩 사용해 프렌치 노트s로 말린 가루를 표현한다.

08 DMC 디아망 골드와 실버 두 실을 합사한 후 두 가닥으로 백s와 체인s를 해 접시를 완성한다.

【라임 모히토】

01 메탈사를 사용해 얼음 외곽선을 스트레이트s로 따고 내부는 성긴 새틴s로 투명감을 표현한다.

02 음료 내부 잎은 피시본s를 하고 옆면만 보이는 잎은 새틴s를 한다.

03 큰 라임은 907번 두 가닥으로 백s를 하고, 같은 실로 백s를 덮어가며 오버 캐스트s를 한다. 작은 라임 조각은 블리온s를 한다. 내부는 두 라임 다 스트레이트s를 하고 746번으로 새틴s를 한다.

04 컵은 메탈사를 사용해 백s로 표현한다.

【페퍼로니 피자】

01 빵 부분은 애플톤 울사 두 종류를 합사해 브르통s로 수놓는다.

02 페퍼로니 붉은 부분은 347번(1)+351번(2) 또는 347번(2)+351번(1)으로 롱 앤드 숏s를 한다. 흰 부분은 ecru 두 가닥으로 스트레이트s를 한다.

03 올리브는 310번으로 블리온s를 한다. 이때, 반원으로 두 개 만들고 양쪽을 합쳐 하나의 원으로 표현한다. 각 반원이 고정될 수 있도록 만들어진 스티치를 가운데 두고 바늘이 왼쪽에서 나와 오른쪽으로 들어가며 카우칭s를 한다.

04 버섯 머리는 블리온s로 만들고 버섯 줄기는 스트레이트s를 한다. 버섯 포자는 898번으로 프렌치 노트s를 한다.

05 피망을 아웃라인s로 만든다.

06 토핑 외곽은 코럴s로 수놓아 삐져나온 토마토소스를 표현한다.

07 피자 몸체와 조각의 경계선은 ecru로 백s를 한다.

08 프리s로 치즈를 표현할 때는 두 가지 색을 번갈아 가며 사용하고 다양한 길이로 수놓는다.

【콜라】

01 779번으로 촘촘하게 롱 앤드 숏s로 수놓아 음료를 표현한다.

02 얼음 윤곽은 스트레이트s를 하고, 내부는 성긴 새틴s로 투명감을 표현한다.

03 컵은 은사로 백s를 한다.

04 갈색 비즈를 메탈사로 원하는 위치에 수놓는다.

05 빨대는 817번과 white 실을 사용해 아래 방법으로 만든다.

빨대 만드는 방법

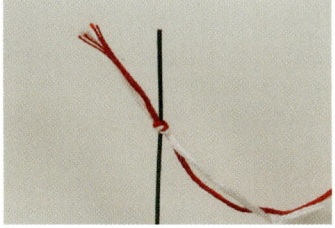

1 흰색과 빨간색 실을 꽃철사에 묶는다.

2 만능 본드를 꽃철사에 바르고 손으로 덜어내며 풀을 얇게 편다.

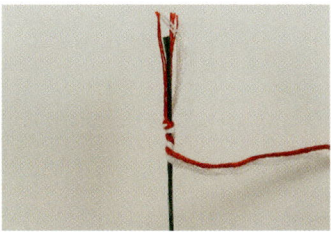

3 위에서부터 사선으로 내려오면서 차곡차곡 힘주어 빨대에 감는다.

4 꽃철사가 끝나는 부분에 본드를 바르고 실을 감아 마감한다.

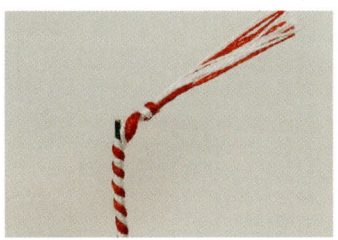

5 처음에 묶어둔 실을 꽃철사에서 벗기고 잘라낸다.

6 꽃철사 끝에 본드를 바르고 실을 감아 마무리한다.

유의할 점

01 피자 도안을 옮길 때 분리할 조각과 몸체는 도안과 같이 붙여서 하나의 원으로 그리는 것이 아니라 5cm 정도 띄어서 원단에 그린다.

02 DMC 디아망 d168이 없으면, DMC 라이트 이펙트 e168 한 가닥만 뽑아 사용해도 좋다. 또한, DMC 디아망 d3821 실도 DMC 라이트 이펙트 e3821 한 가닥으로 대체할 수 있다.

마무리

part1 마그넷 혹은 브로치로 마무리하기 (43쪽)

피자 치즈 연결법

Hand Embroidery 22

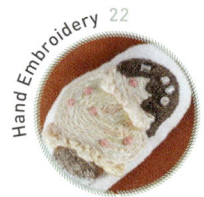

젤라토 키링

톡톡 튀는 색감으로 만들어본 젤라토 키링입니다. 에어팟 케이스에 달거나 키링 용도로 사용해도 좋고, 속에 방울솜을 넣어 통통하게 표현했기에 휴대용 미니 핀쿠션으로 사용해도 좋습니다.

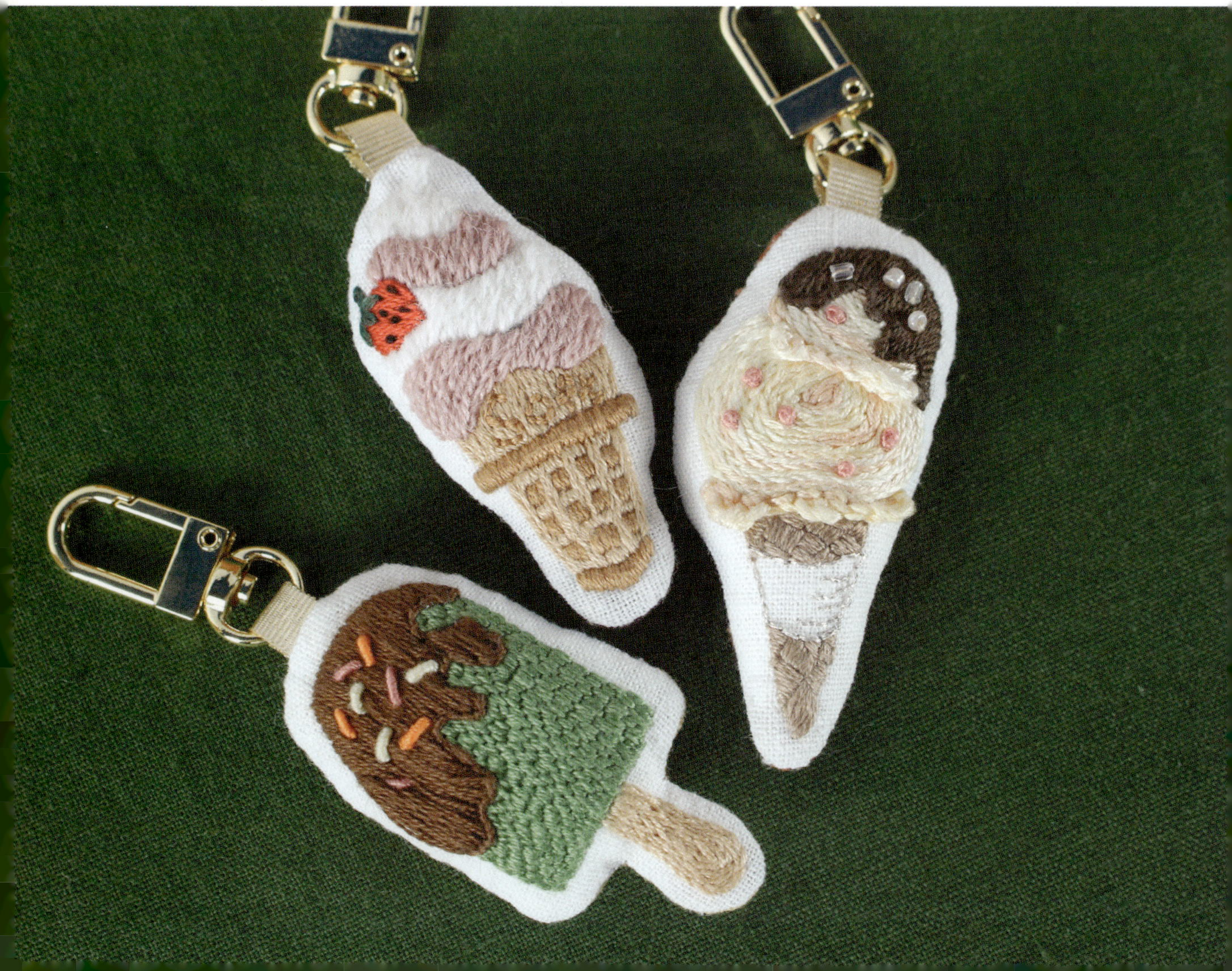

×× 녹차 젤라토

×× 딸기 젤라토

×× 바닐라 젤라토

준비물

【 녹차 젤라토 】

실
437
801
970
988
3078
3712

사용한 스티치
블리온s
버튼홀s
백s
아웃라인s

【 바닐라 젤라토 】

실
3031
3712
3863
DMC 베리에이션 4090
DMC 디아망 d168

사용한 스티치
아웃라인s
버튼홀s
디테치드 버튼홀s
새틴s
백s
프렌치 노트s

【 딸기 젤라토 】

실
310
319
349
435
437
애플톤 울사 991B
애플톤 울사 142

사용한 스티치
새틴s
레이지데이지s
프렌치 노트s
아웃라인s
백s
오버 캐스트s

원단
리넨 20수(겉면 2장)

부자재
키링 부자재
리본(지름 0.5cm)
글루건
방울솜
비즈

녹차 젤라토

블리온s
970(3), 3078(3), 3712(3)

버튼홀s 801(3)

백s 988(3)

아웃라인s 437(2)

녹차 아이스크림 라이브 방송

 바닐라 젤라토

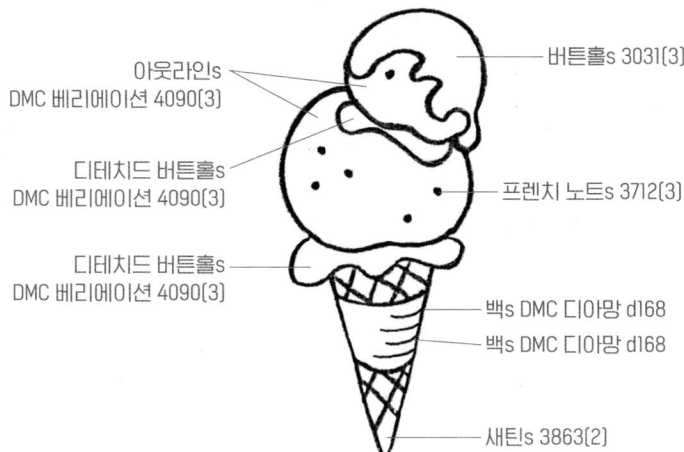

- 아웃라인s DMC 베리에이션 4090(3)
- 디테치드 버튼홀s DMC 베리에이션 4090(3)
- 디테치드 버튼홀s DMC 베리에이션 4090(3)
- 버튼홀s 3031(3)
- 프렌치 노트s 3712(3)
- 백s DMC 디아망 d168
- 백s DMC 디아망 d168
- 새틴s 3863(2)

 딸기 젤라토

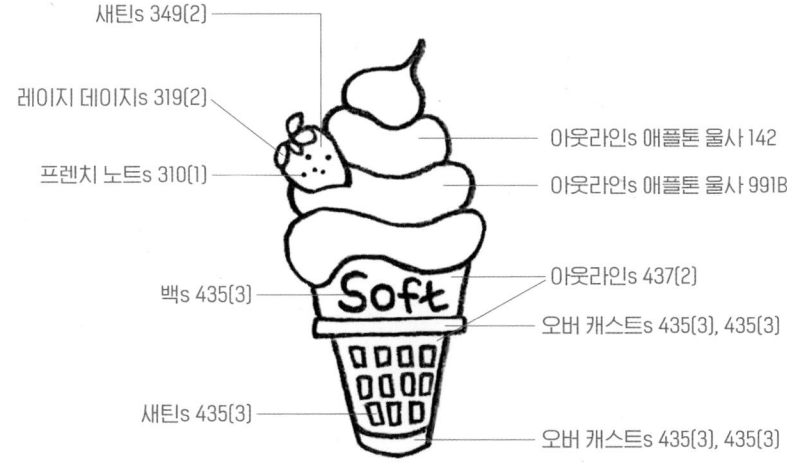

- 새틴s 349(2)
- 레이지 데이지s 319(2)
- 프렌치 노트s 310(1)
- 백s 435(3)
- 새틴s 435(3)
- 아웃라인s 애플톤 울사 142
- 아웃라인s 애플톤 울사 991B
- 아웃라인s 437(2)
- 오버 캐스트s 435(3), 435(3)
- 오버 캐스트s 435(3), 435(3)

 시접이 포함되어 있지 않은 도안입니다.
원단을 자를 때 시접(약 1cm)을 포함해서 재단해주세요.

 딸기 젤라또 라이브 방송 1편

 딸기 젤라또 라이브 방송 2편

만들기 순서

【녹차 젤라토】

01 백s로 녹차 젤라토를 표현한다.

02 버튼홀s로 흘러내린 초콜릿을 만든다.

03 초콜릿 위로 도안에 적힌 세 가지 색상 실을 사용해 블리온s를 한다.

04 막대 곡선이 잘 표현되도록 촘촘하게 아웃라인s를 한다.

【바닐라 젤라토】

01 아웃라인s로 젤라토를 수놓는다. 그리고 부분적으로 3712번을 사용해 프렌치 노트s를 한다.

02 흘러내린 초콜릿 부분은 버튼홀s를 한다. 그 위로 갈색비즈를 3031번 한 가닥으로 단다.

03 콘 부분의 맞닿은 마름모가 서로 다른 방향의 결이 되도록 새틴s를 한다.

04 콘 손잡이 부분은 메탈사를 사용해 일정한 땀 크기로 백s를 한다.

05 젤라토가 흘러내리는 아랫부분은 아래 과정 사진을 보고 따라서 디테치드 버튼홀s를 한다. 이때, 작은 젤라토(윗부분)는 백s를 6번 해서 디테치드 버튼홀s를 하고, 큰 젤라토(아랫부분)는 백s를 8번 해서 시작한다.

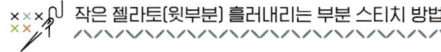
작은 젤라토(윗부분) 흘러내리는 부분 스티치 방법

1 백s를 6번 한다.

2 시작점 같은 구멍에서 바늘이 나와 디테치드 버튼홀s를 한다. 즉, 백s와 1:1 대응되게 버튼홀s를 6번 한다.

3 첫 번째 단 끝에서 만들어진 마지막 버튼홀s에 한 번 더 버튼홀s를 하여 두 번째 단을 쌓는다.

4 두 번째 단은 총 세 번의 버튼홀s를 한다.

5 다시 마지막에 만들어진 두 번째 단의 버튼홀s에 한 번 더 버튼홀s를 하여 세 번째 단을 쌓는다. 총 세 번의 버튼홀s를 한다.

6 만들어진 디테치드 버튼홀s의 오른쪽 가장 끝부분을 기둥처럼 바늘로 타고 내려간다.

7 백s와 같은 끝 구멍에 바늘을 넣어 마무리한다.

8 첫 번째 백s와 같은 구멍으로 바늘이 나와 앞에서 만들어둔 첫 번째 단 위에 다시 두 번 버튼홀s를 한다.

9 두 번째 단에서 만들어둔 마지막 버튼홀s에 다시 버튼홀s 하여 세 번째 단을 쌓는다. 이렇게 총 두 번 버튼홀s를 한다.

10 만들어진 디테치드 버튼홀s의 가장 왼쪽 끝부분을 기둥처럼 바늘로 타고 내려간 후 백s와 같은 끝 구멍으로 바늘을 넣어 마무리한다.

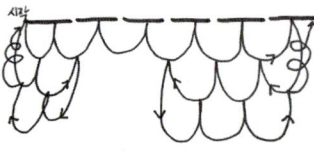 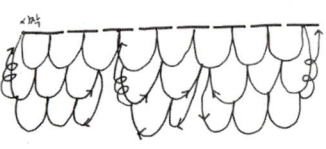

과정 사진을 통해 만든 작은 젤라토(윗부분) 흘러내리는 부분 백s 6번

큰 젤라토(아랫부분) 흘러내리는 부분 백s 8번

【딸기 젤라토】
01 울사를 사용해 아웃라인s로 젤라토를 표현한다.
02 딸기 몸통을 새틴s 하고 프렌치 노트s와 레이지 데이지s로 완성한다.
03 콘 부분을 아웃라인s로 촘촘하게 수놓고, 레터링과 손잡이 부분의 질감은 435번으로 표현한다.
04 오버 캐스트s의 경우 435번 세 가닥으로 백s를 해 바탕을 만들고, 같은 실로 백s를 덮어가면서 만든다.

유의할 점

키링 뒷면이 될 원단에 이니셜 또는 넣고 싶은 문구를 백s로 간단하게 수놓는다.

마무리

01 겉면이 될 앞면과 뒷면을 서로 맞닿게 놓고 시접(약 1cm)에 창구멍을 남기고 박음질(백s)한다. 이때, 창구멍은 키링 부자재가 들어갈 머리 부분으로 낸다.
02 창구멍에 손을 넣어 원단을 뒤집고 모양을 잡는다.
03 창구멍에 손을 넣어 키링 부자재와 리본을 연결해 글루건으로 붙인다.
04 창구멍 속에 방울솜을 채워 넣는다.
05 공그르기로 창구멍을 막는다.

컵케이크 컵홀더

보기만 해도 맛있는 레몬, 체리, 카라멜 컵케이크를 수놓고, 따뜻한 색감의 울사를 사용한 레터링과 함께 컵홀더로 완성했습니다. 또한, 컵홀더 뒷면에는 단추를 달아 티백 끈이 빠지는 것을 방지해 실용성을 더했습니다.

컵
케
이
크

준비물

【 레몬 컵케이크 】

실
17
522
987
3823
3865

사용한 스티치
새틴s
블리온s
스트레이트s
피시본s
아웃라인s

【 체리 컵케이크 】

실
225
520
898
3831
3865

사용한 스티치
새틴s
아웃라인s
캐스트온s
휠s

【 카라멜 컵케이크 】

실
842
975
3826
3865

사용한 스티치
아웃라인s
체인s
프렌치 노트s

【 레터링 】

실
애플톤 울사 121

사용한 스티치
아웃라인s
프렌치 노트s

원단
리넨 20수(안감, 겉감)

부자재
단면 접착솜(2온스)
비즈
단추

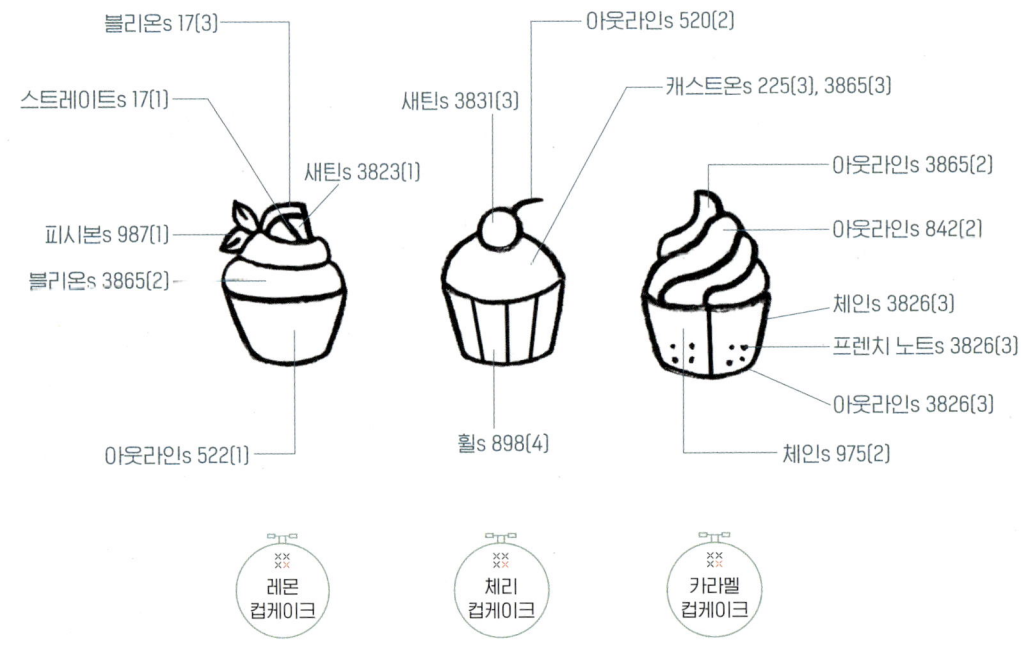

만들기 순서

【레몬 컵케이크】

01 블리온s로 레몬 크림을 표현할 때 중앙부터 수를 놓아 양옆을 대칭되게 맞춰가는 것이 편하다. 또한, 1단과 2단의 크림 결이 서로 다른 방향이 되도록 수놓는다.

02 블리온s, 스트레이트s, 새틴s로 레몬을 만든다.

03 피시본s로 레몬 잎을 수놓는다.

04 컵케이크 아랫부분을 522번으로 촘촘하게 아웃라인s로 채운다. 마무리로 비즈를 522번 한 가닥으로 수놓는다.

【체리 컵케이크】

01 225번과 3865번을 번갈아 사용해 크림 중앙부터 캐스트온s를 하여 양옆이 대칭되도록 수놓는다.

02 체리를 새틴s와 아웃라인s로 만든다.

03 컵케이크 아랫부분을 기둥이 다섯 개인 휠s를 한다. 주의할 점은 기둥을 감을 때 너무 강하게 잡아당겨서 미리 만들어둔 기둥이 휘지 않도록 조심스럽게 힘을 주며 스티치 한다.

【카라멜 컵케이크】

01 3865번과 842번을 번갈아 사용해 아웃라인s로 크림을 채운다.

02 비즈를 3865번 한 가닥으로 수놓는다.

03 컵케이크 아랫부분을 975번으로 체인s를 하고, 3826번으로 양쪽 외곽선과 중심선을 체인s로 수놓고 아래 선은 아웃라인s를 한다. 마무리로 크런치한 질감은 프렌치 노트s로 표현한다.

【레터링】

애플톤 울사를 촘촘하게 아웃라인s 하면서 글씨를 수놓는다. 영어 i의 점 부분은 프렌치 노트s를 한다.

마무리

01 시접 1cm를 포함해서 자른 겉감과 안감을 총 2장 준비한다.

02 겉감에 완성 크기로 재단한 단면 접착솜(2온스)을 안쪽 면에 놓고 헝겊으로 덮어 다리미로 눌러 붙인다. 그런 후 바깥쪽 면에 단추를 단다.

03 겉감과 안감이 보일 부분을 서로 맞닿게 놓고 경계선을 박음질(백s)한다. 이때, 약 4cm가량 창구멍을 남긴다.

04 창구멍에 손을 넣어 원단을 뒤집는다.

05 창구멍을 공그르기로 막는다.

06 A와 B를 서로 맞닿게 한 후 그 부분을 공그르기로 접합한다.

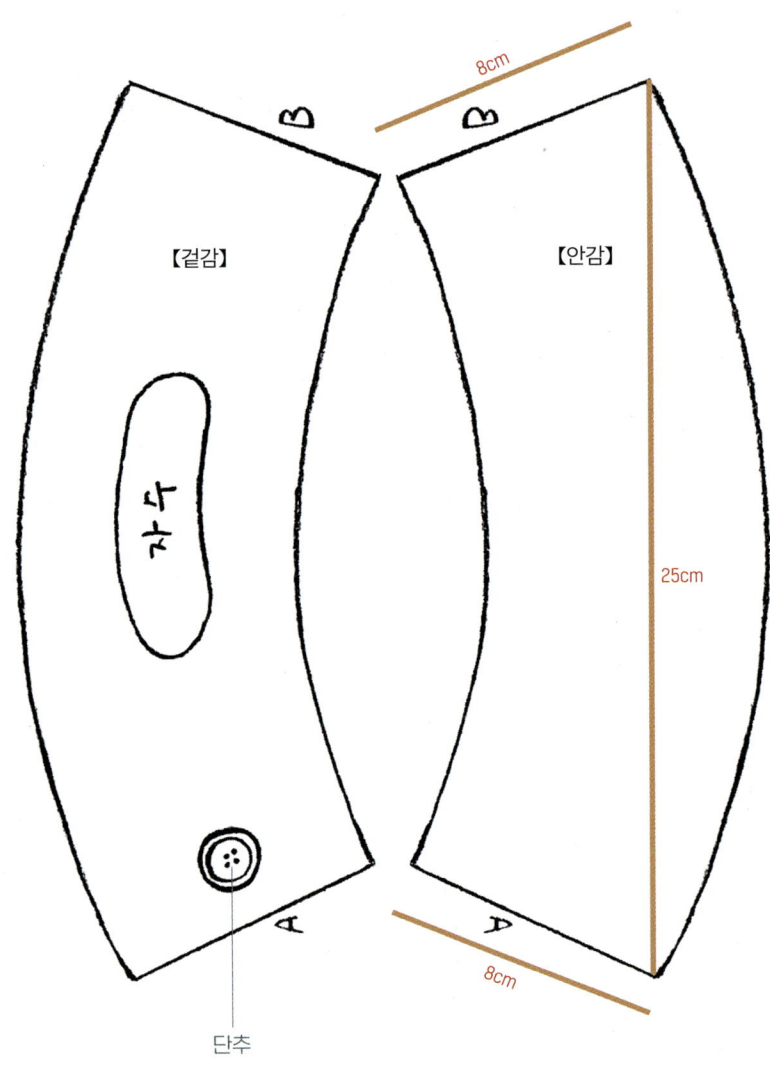

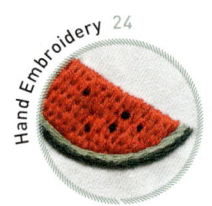

과일 티코스터

여름이면 생각나는 과일과 시원한 얼음을 조화롭게 수놓은 티코스터입니다. 과일 티코스터는 단순히 귀엽고 아기자기한 매력만 있는 것이 아니라, 평소 자수를 하는 데 있어 면을 채우는 부분에서 어려움을 느끼셨을 분들을 위해 연습할 수 있는 작품입니다. 귀여운 과일 티코스터를 수놓으면서 면을 채우는 대표적인 8가지 방법을 함께 배워 보세요.

과일 티코스터

준비물

실
white
157
310
319
368
721
725
809
817
898
3854
DMC 디아망 d168

사용한 스티치
체인s
스플릿s
터키s
프렌치 노트s
백s
다닝s
스플릿s
아웃라인s
프리s
롱 앤드 숏s
새틴s

원단
리넨 20수(겉감 2장)

체인s white(2)
스플릿s white(4)
터키s white(6)
새틴s 725(2)
다닝s 157(3)
백s DMC 디아망 d168
스플릿s 809(2)
다닝s 157(3)
체인s 817(3)
아웃라인s 319(2), 368(2)
프리s 3854(3)
터키s 898(6)
백s 721(2)
아웃라인s 319(2), 368(2)
롱 앤드 숏s 817(6)
프렌치 노트s 310(2)

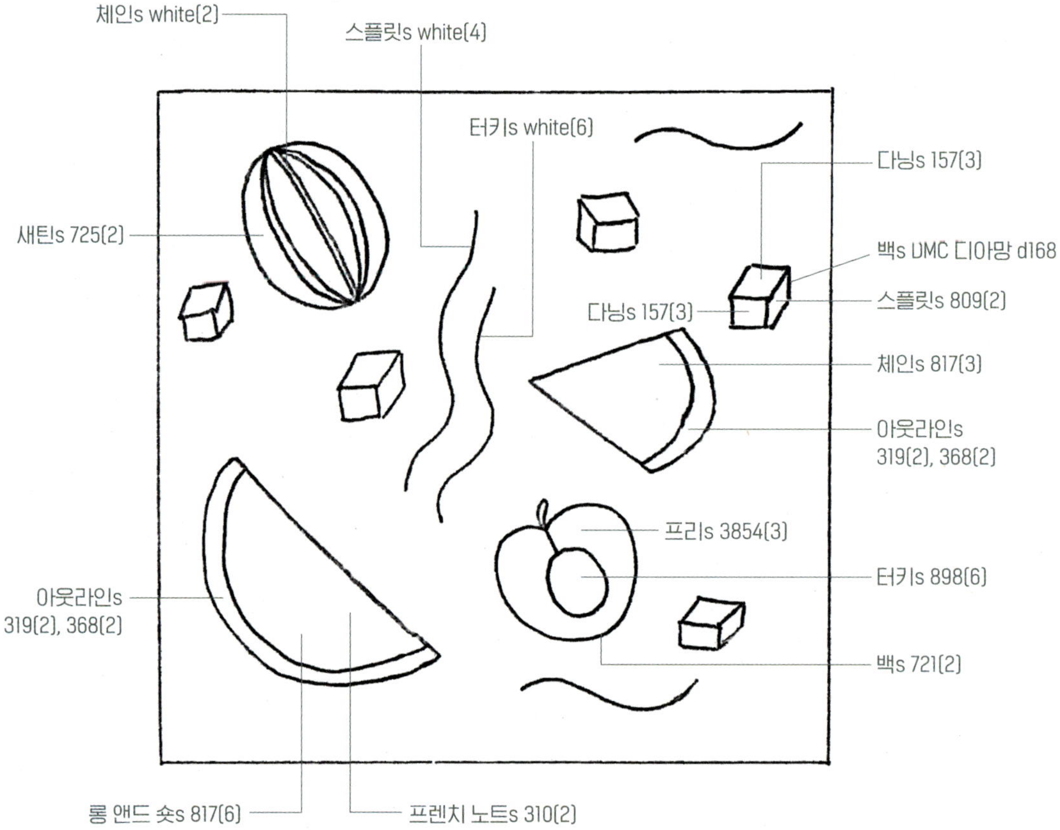

 시접이 포함되어 있지 않은 도안입니다.
원단을 자를 때 시접(약 1cm)을 포함해서 재단해주세요.

 면 채우는 스티치 8가지 방법

만들기 순서

01 스플릿s와 다닝s로 얼음 면을 채우고, 메탈사를 사용해 백s로 경계선을 뚜렷하게 만든다.

02 새틴s로 참외 면을 채우고, 체인s로 참외 줄을 만든다.

03 319번과 368번으로 수박 껍질을 아웃라인s로 수놓는다. 이때, 채울 면을 반으로 나누고 한쪽은 진한 색실로 나머지 한쪽은 연한 색실로 채우면 더 편리하다.

04 수박 속은 각각 롱 앤드 숏s와 체인s로 수놓고, 310번을 사용해 수박씨를 프렌치 노트s로 표현한다.

05 복숭아 속살은 기법에 구애받지 않고 질감표현에 집중하며 프리s로 수놓는다.

06 721번으로 백s를 해서 복숭아 껍질을 얇게 표현한다.

07 복숭아 씨앗은 터키s를 하고 가위로 조심스럽게 다듬어 벨벳 같은 질감을 살린다.

08 터키s와 스플릿s로 전체적인 물결을 표현한다. 이때, 터키s는 너무 짧게 재단하지 않고 어느 정도 길게 길이를 남긴다.

유의할 점

DMC 디아망 d168이 없다면, DMC 라이트 이펙트 e168 한 가닥만 뽑아 사용해도 좋다.

마무리

part1 티코스터로 마무리하기 (44쪽)

01 겉면의 앞면과 뒷면을 서로 맞닿게 놓고 시접(약 1cm)에 창구멍을 남기고 박음질(백s)로 꿰맨다.

02 창구멍에 손을 넣어 원단을 뒤집고 모양을 잡는다.

03 창구멍으로 손을 넣어 태슬을 원단에 연결한다.

04 공그르기로 창구멍을 막는다.

 자투리 천을 사용해 태슬을 만드는 방법

01 자투리 천을 만들고자 하는 태슬 길이 2배가 되게 자른다.

02 천 양쪽 끝 올을 푼다.

03 천을 반으로 접어 다리미로 다린 후 안쪽에 연결 실을 붙이고 힘을 주며 김밥을 말듯 원단을 돌돌 만다.

04 다 말고 난 후 끝부분을 글루건 또는 만능본드로 단단하게 접착한다.

레몬 프레임 미니 백

상큼한 레몬과 녹차 잎 도안을 앞뒤로 배치해 양면 모두 패션 아이템으로 사용 가능한 자수 프레임 미니 백입니다. 노란색이 많이 섞인 올리브 그린과 레몬의 상큼함을 표현해줄 두 가지 노란색을 섞어 동 프레임과 리넨 원단 그리고 자수까지 그 색감이 어우러질 수 있도록 디자인하였습니다. 수납공간도 넉넉한 레몬 그린티 미니 백과 함께라면 어떤 옷에도 소녀다움을 더해 포인트를 줄 수 있습니다.

××
레몬 미니백
××

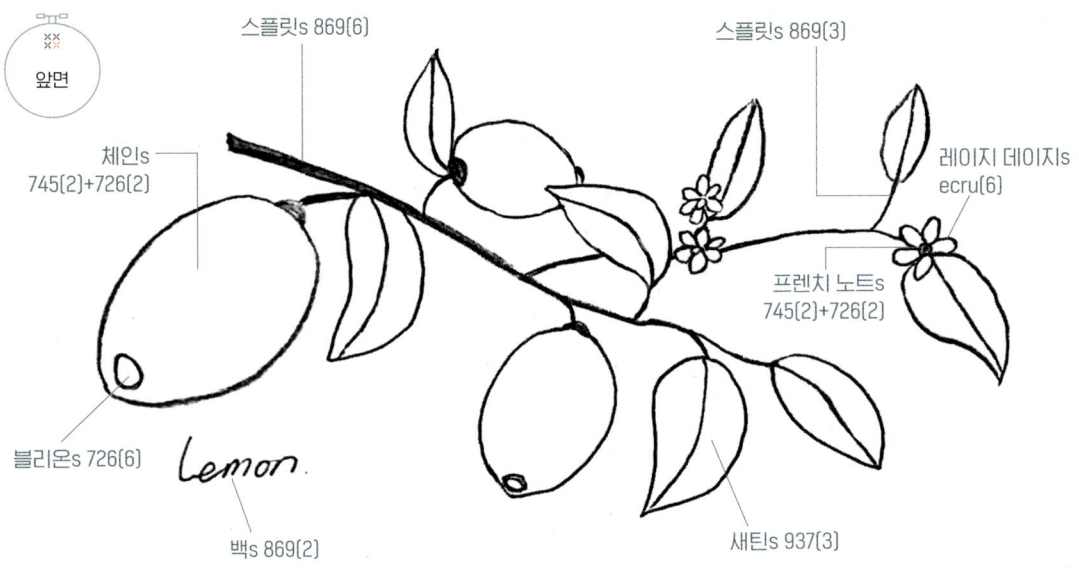
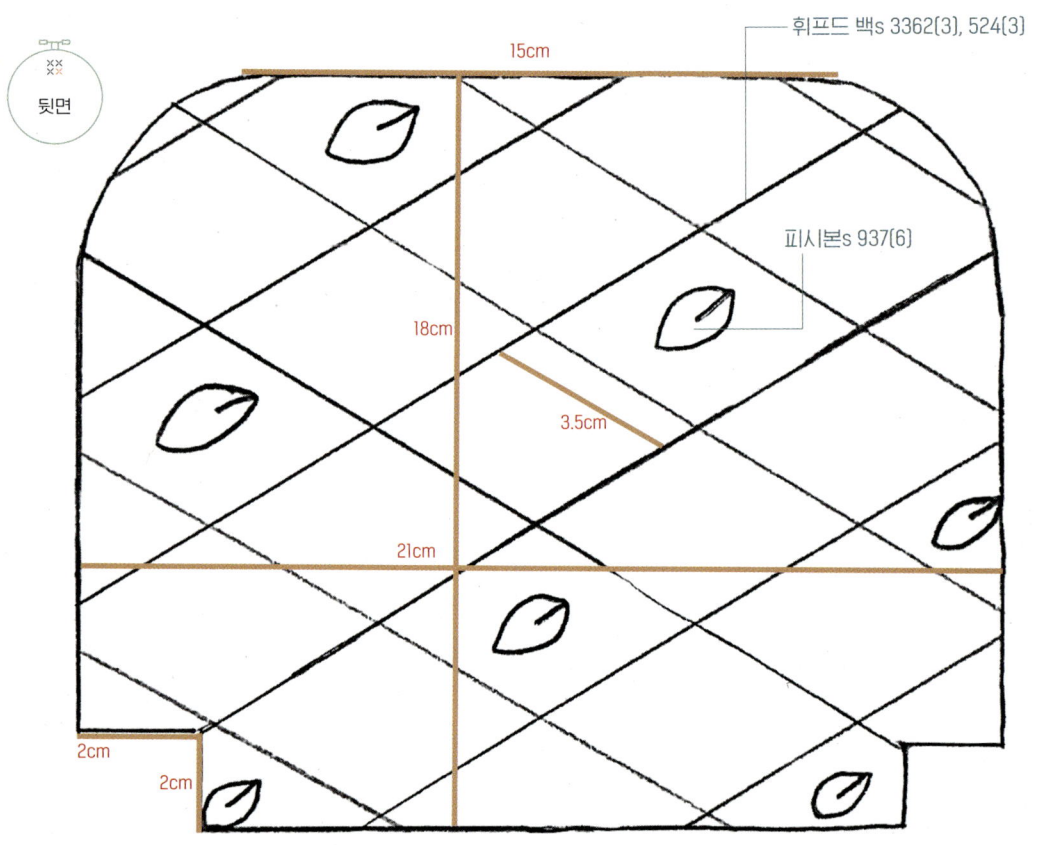
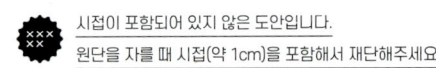

준비물

실
524
726
745
869
937
3362
ECRU

사용한 스티치
체인s
블리온s
백s
새틴s
스플릿s
프렌치 노트s
레이지 데이지s
휘프드 백s
피쉬본s

원단
20수 리넨(겉감, 안감)

부자재
18cm 프레임
가방 체인
프레임 제작봉
단면 접착솜(4온스)
접착제
니퍼

만들기 순서

【앞면】

01 745번과 726번 두 가닥씩 합사해 네 가닥으로 레몬 부분을 체인s로 수놓는다.

02 블리온s로 레몬 위아래 꼭지를 표현한다.

03 스플릿s로 나뭇가지를 표현한다. 이때, 굵은 가지는 여섯 가닥으로 얇은 가지는 세 가닥으로 수놓는다.

04 나뭇잎을 반으로 나눠 새틴s로 각각의 결을 표현한다. 이때, 청화펜으로 간단하게 결을 표시해두고 시작하면 스티치가 편리하다.

05 레이지 데이지s와 프렌치 노트s로 간단한 꽃을 수놓는다. 이때, 미리 수놓은 가지와 나뭇잎의 영역을 침범하여 꽃으로 그 위에 중첩되게 수놓는다.

06 레몬이라는 영문자를 백s로 수놓는다.

【뒷면】

01 자를 가지고 일정한 간격으로 선을 그은 후 피시본s가 들어갈 부분을 표시한다.

02 3362번으로 백s를 먼저 수놓고, 그 위에 524번으로 휘프드 백s를 한다.

03 피시본s를 원하는 위치에 넣는다.

유의할 점

【앞면】

01 레몬은 체인s로 겉부터 시작해 외곽선 한 바퀴 수놓고, 같은 방식으로 한 겹씩 완결을 지으며 속을 점점 채워나간다.

02 블리온s로 레몬 꼭지를 표현할 때 바늘로 꼬집은 원단의 양보다 충분히 바늘에 실을 감아 스티치가 곡선으로 휘게 만든다.

03 가지와 나뭇잎은 흰색 꽃의 영역을 무시하고 완벽하게 채워서 작업한 후에 흰색 꽃을 그 위에 중첩되게 수놓는다.

【뒷면】

01 3362번으로 백s를 할 때는 간격이 일정하면서 너무 촘촘하지 않아야 나중에 연한 색상의 실을 감아도 두 가지 색상의 실이 다 보인다.

02 같은 18cm 프레임이라도 프레임 곡률에 따라 가방의 패턴이 달라진다. 각 프레임에 맞게 뒷면은 책 속 도안과 같이 자수할 부분을 원단에 자를 대고 직접 그려서 작업한다.

마무리

part1 프레임 지갑으로 마무리하기 (40쪽)

197

과일 귀걸이

상큼한 아보카도, 사과, 귤을 가지고 귀여운 귀걸이 한 쌍을 수놓았습니다. 드롭형 귀걸이로 착용했을 때 360도 다 감상할 수 있어 귀여움이 배가 됩니다. 간단하게 수놓아서 그날의 기분이나 옷에 맞게 귀걸이를 착용해 보세요.

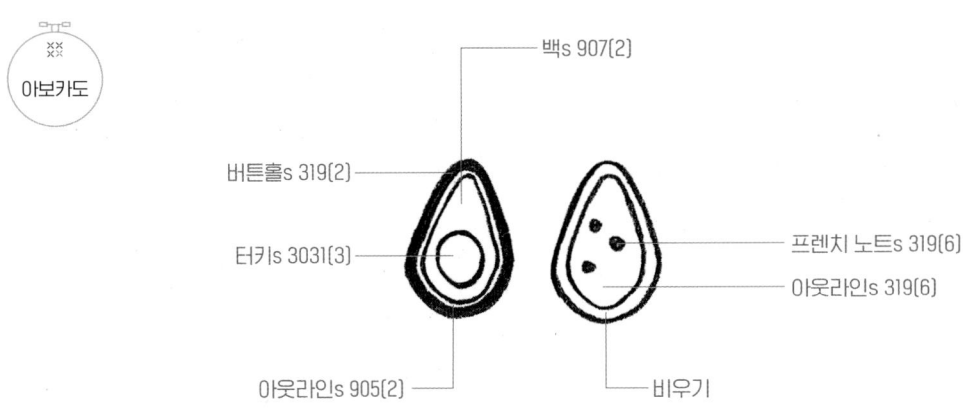

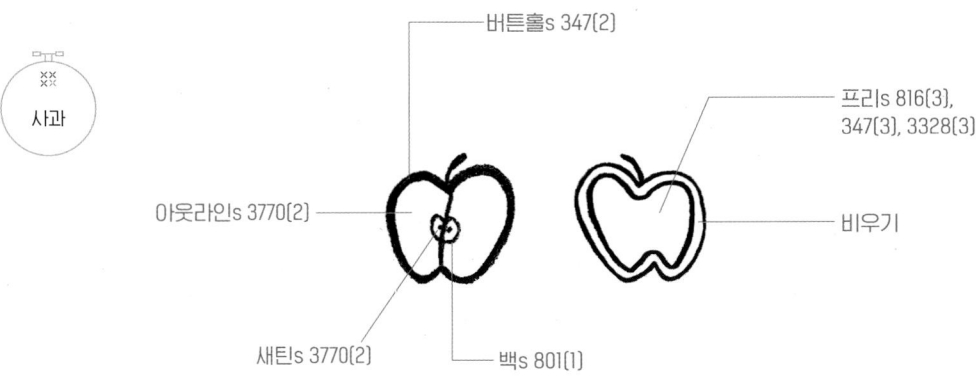

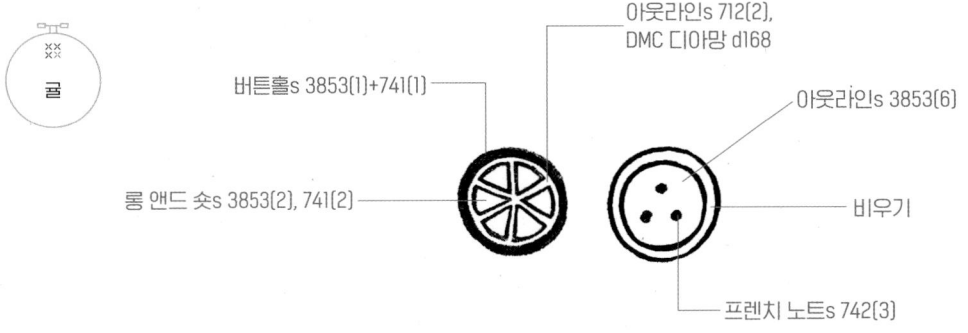

준비물

【 아보카도 】

실
319
905
907
3031

사용한 스티치
버튼홀s
백s
프렌치 노트s
아웃라인s
터키s

【 사과 】

실
347
801
816
3328
3770

사용한 스티치
버튼홀s
아웃라인s
새틴s
백s
프리s

【 귤 】

실
712
741
742
3853
DMC 디아망 d168

사용한 스티치
버튼홀s
아웃라인s
롱 앤드 숏s
프렌치 노트s

원단
광목 20수
하드 펠트
(초록색, 빨강색, 주황색)

부자재
글루건
꽃철사(사과 귀걸이)
드롭형 귀걸이 부자재
(드롭 줄, O링)
비즈
송곳

만들기 순서

【아보카도】

01 자수 앞면은 광목에 스케치해 수놓는다. 319번으로 외곽선을 따라 버튼홀s로 껍질을 표현한다. 이때, 밑 원단이 보이지 않도록 촘촘하게 수놓는다.

02 중간 톤의 연두색인 905번으로 앞서 만든 버튼홀s 안쪽으로 한 줄 아웃라인s를 한다.

03 과육 부분은 907번으로 촘촘하게 백s로 면을 채운다.

04 씨앗은 터키s로 촘촘하게 외곽선부터 안쪽으로 말아 들어가는 방향으로 수놓고 가위로 조심스럽게 다듬어 모양을 잡는다.

05 뒷면은 하드 펠트 위에 수놓는다. 이때, 경계선에서 2mm 정도 비우고 안쪽에 아웃라인s로 거친 껍질을 만들고, 프렌치 노트s로 요철을 표현한다.

【사과】

01 자수 앞면은 광목에 스케치해 수놓는다. 347번으로 외곽선을 따라 버튼홀s로 껍질을 표현한다. 이때, 밑 원단이 보이지 않도록 촘촘하게 수놓는다.

02 아웃라인으로 과육을 수놓는다.

03 안쪽 씨앗은 3770번으로 새틴s를 하여 채운다.

04 801번으로 사과 중심 줄을 만든다.

05 원하는 위치에 3770번 한 가닥을 사용해 비즈를 수놓는다.

06 뒷면은 하드 펠트 위에 수놓는다. 이때, 경계선에서 2mm 정도 비우고 세 가지 색상의 실을 각각 사용해 회화적으로 프리s를 한다. 하이라이트 톤인 가장 밝은색은 마지막에 수놓는 것이 좋다.

07 꽃철사에 801번 두 가닥을 감아 꼭지를 만든다.

사과 꼭지 만들기

1 꽃철사 끝부분에서 1cm 정도 아래에 실 두 가닥을 묶는다.

2 니퍼로 눌러 꽃철사 끝을 접고 만능 본드를 얇게 바른다.

3 접은 꽃철사부터 실을 맨 위에서부터 아래로 차곡차곡 감는다.

4 다 감은 꽃철사 끝부분에 본드를 얇게 발라 마무리한다. 마무리한 꽃철사는 완성된 사과 펠트 앞뒷면 사이에 넣어 본드로 고정한다.

【귤】

01 자수 앞면은 광목에 스케치해 수놓는다. 3853번과 741번을 합사해 외곽선을 따라 버튼홀s를 하여 껍질을 표현한다. 이때, 밑 원단이 보이지 않도록 촘촘하게 수놓는다.

02 3853번과 741번으로 롱 앤드 숏s를 수놓으며 그라데이션을 표현한다. 이때, 껍질에 가까운 바깥쪽은 연한 색, 안쪽은 진한 색이 위치할 수 있도록 한다.

03 한쪽 귀걸이는 712번으로 다른 한쪽은 메탈사로 아웃라인s를 한다.

04 비즈는 712번 한 가닥을 사용해 원하는 위치에 수놓는다.

05 뒷면은 하드 펠트 위에 수놓는다. 이때, 경계선에서 2mm 정도 비우고 안쪽만 아웃라인s로 거친 껍질을 만들고, 프렌치 노트s로 요철을 표현한다.

유의할 점

01 DMC 디아망 d168이 없으면, DMC 라이트 이펙트 e168 한 가닥만 뽑아 사용해도 좋다.

02 완성된 뒷면 펠트를 앞면과 같이 미리 잘라두면 추후에 위치 잡기가 어렵다. 따라서 펠트는 앞면과 접착한 후에 자른다.

마무리

01 광목 위에 수놓은 귀걸이 앞면은 버튼홀 스티치가 잘리지 않게 조심하며 경계선을 따라 원단을 잘라낸다.

02 아직 자르지 않고 수놓은 뒷면 펠트 위에 글루건을 바르고 잘라둔 앞면과 위치를 맞추며 붙인다.

03 가위로 깔끔하게 펠트를 자른다.

04 송곳으로 원하는 위치에 구멍을 내고 O링으로 드롭형 귀걸이를 연결한다.

자수 작품 도안

책 속 자수 작품 도안을 수록하였습니다.
작품 도안을 원단에 옮겨 자수를 즐기며 힐링하세요.

백모란 액자 × 68

러브 이즈 더 베스트 블라우스 × 82

양귀비 티 매트 × 72

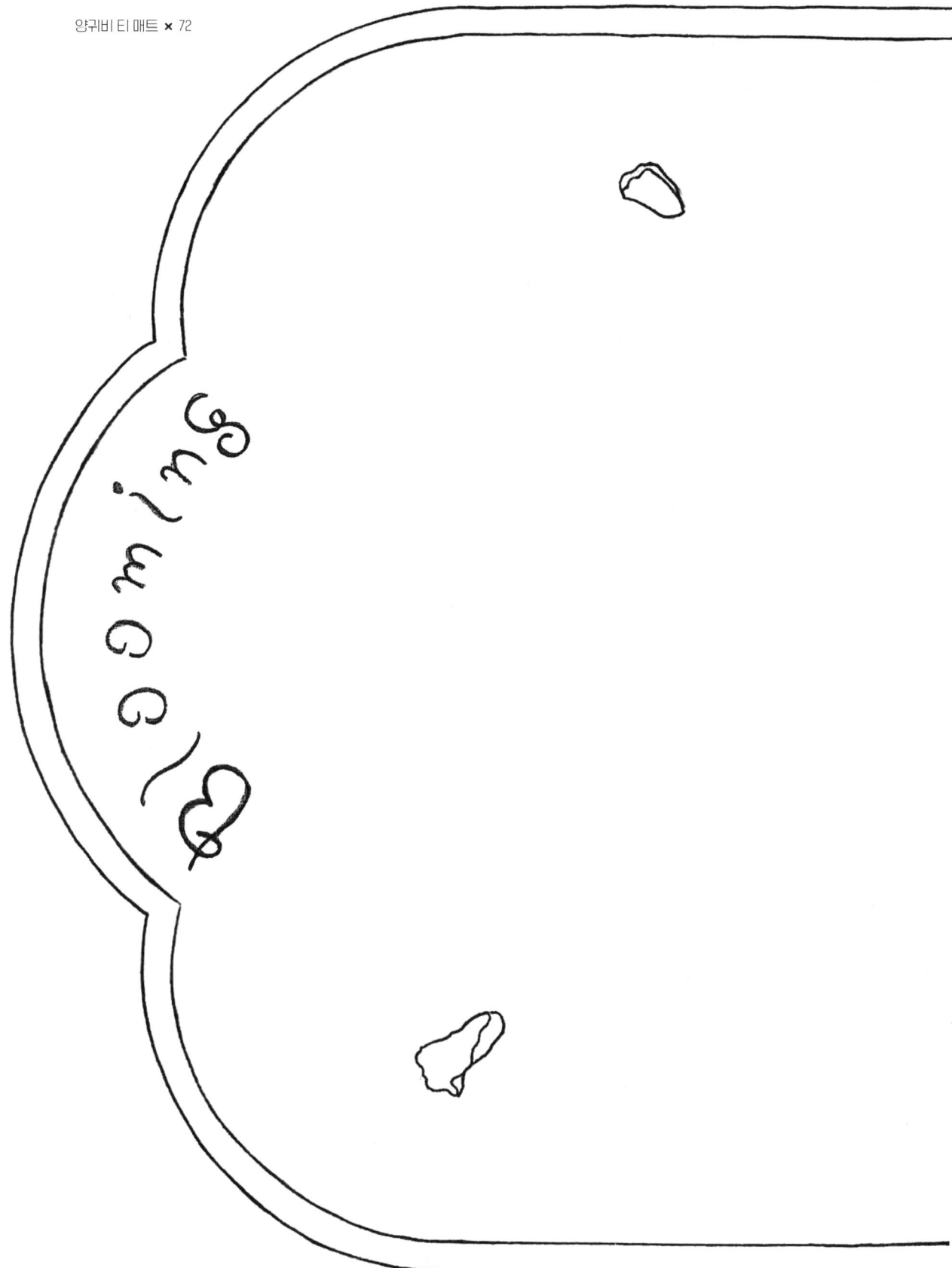

80% 축소 도안

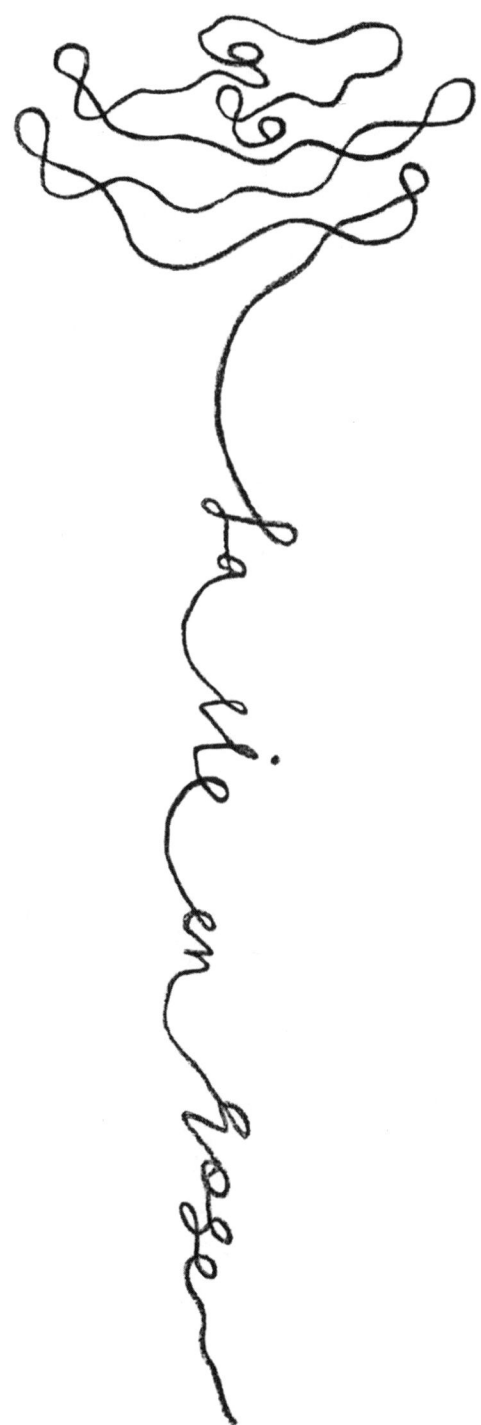

작약 & 토끼풀 양말 자수 ✻ 86

조개 쥬얼리 매트 ✻ 90

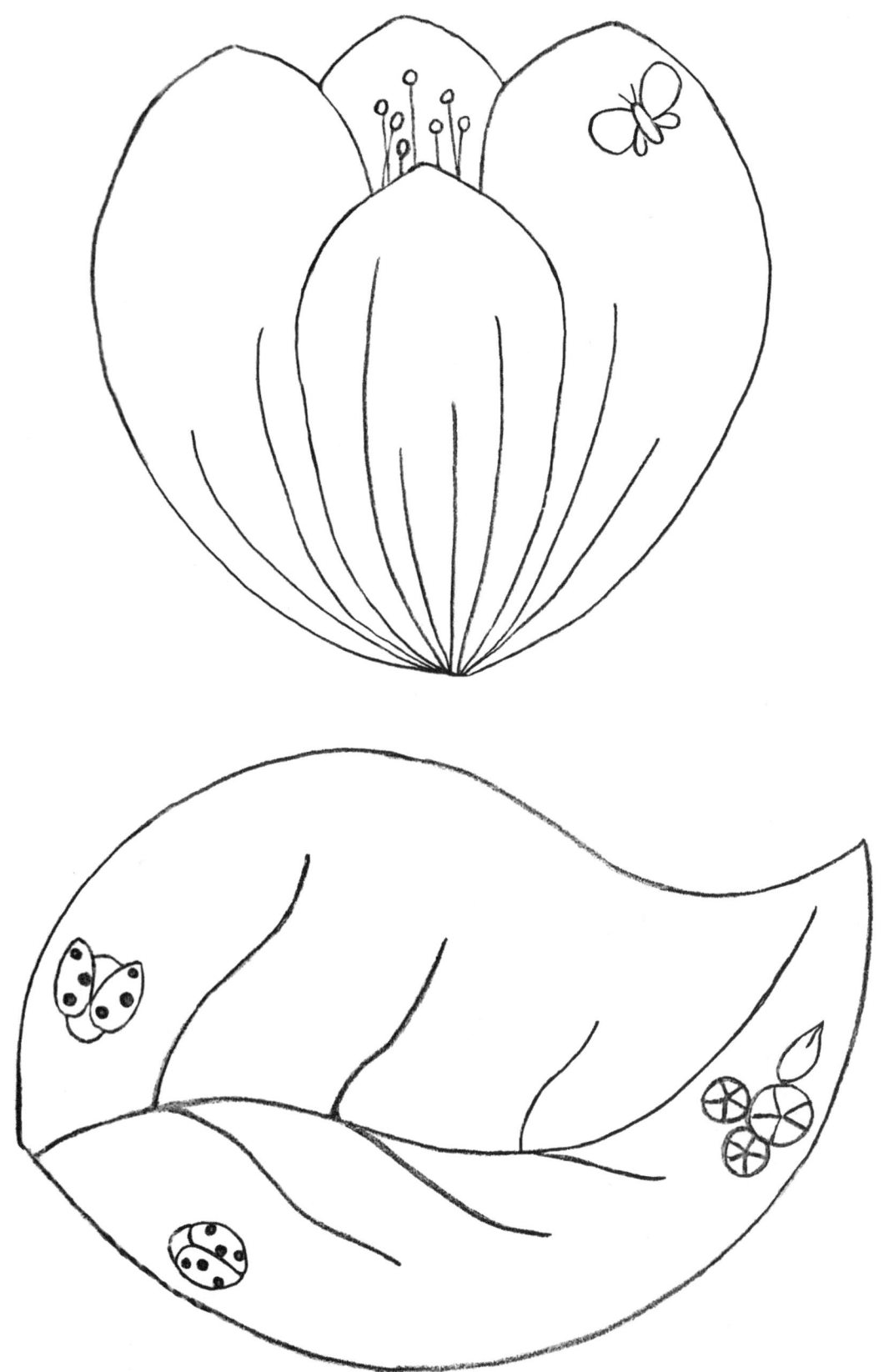

꽃반지 × 106

튤립 마그넷 × 114

동물 책갈피 × 124

팬지 앞치마 × 110

회전목마 액자 × 130

유니콘 핀쿠션 × 138

홍학 액자 × 134

강아지 브로치 × 144

강아지 이어폰 정리개 × 148

파랑새 모빌 × 156

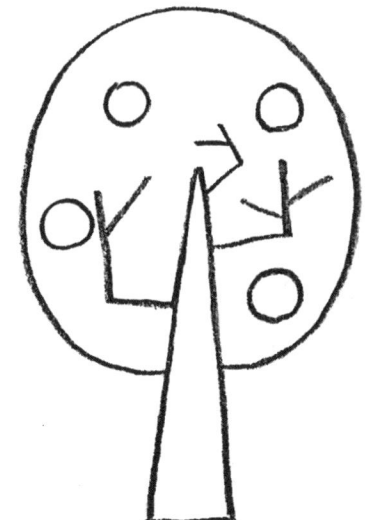 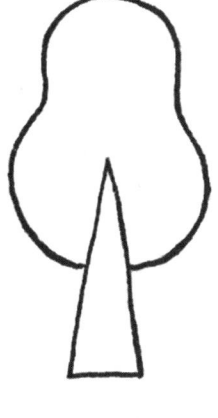 

브런치 세트 × 162

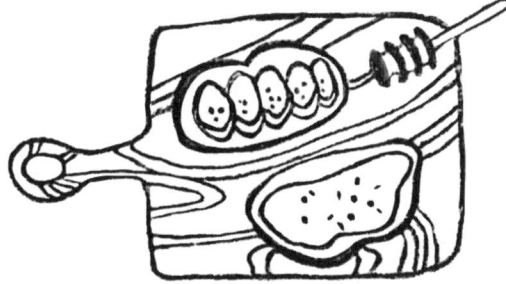

런치 세트 ✕ 168

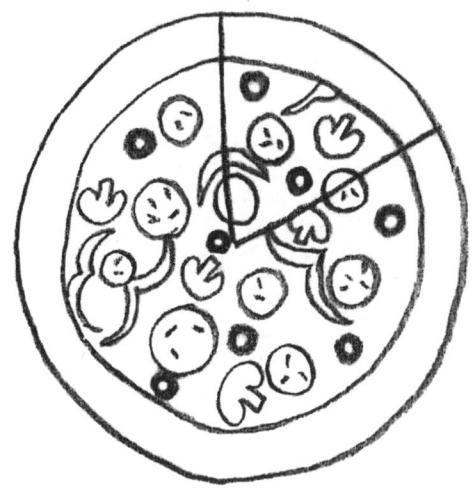

젤라토 키링 × 176

컵케이크 컵홀더 × 184

La dolce vita

과일 티코스터 × 190

레몬 프레임 미니 백 × 194

레몬 프레임 미니 백 × 194

과일 귀걸이 ✕ 198